Le grand livre des jeux drôles et intelligents

Le Canada en 130 jeux

Le grand livre des jeux drôles et intelligents

Le Canada en 130 jeux

Texte
Marie-Claude Favreau

Conception graphique
et
illustrations
Isabelle Charbonneau

EH Héritage jeunesse

Favreau, Marie-Claude

Le grand livre des jeux drôles et intelligents. Le Canada en 130 jeux.

Comprend un index.
Pour les jeunes de 8 à 12 ans.

ISBN 2-7625-1701-X

1. Jeux - Ouvrages pour la jeunesse.   2. Jeux intellectuels - Ouvrages pour la jeunesse.
3. Canada - Ouvrages pour la jeunesse.   I. Charbonneau, Isabelle.   II. Titre.   III. Titre: Canada
en 130 jeux.

GV1203.F394 2002   j793.7   C2002-940506-8

Graphisme et mise en pages : Jean-Marc Gélineau

Dépôts légaux : 1er trimestre 2002
Bibliothèque nationale du Québec
Bibliothèque nationale du Canada

ISBN : 2-7625-1701-X

Imprimé au Canada

10   9   8   7   6   5   4   3   2

LES ÉDITIONS HÉRITAGE INC.
300, rue Arran, Saint-Lambert (Québec) J4R 1K5
Téléphone : (514) 875-0327
Télécopieur : (450) 672-5448
Courriel : info@editionsheritage.com

Sommaire

ⓧ Jeux de calcul et de logique

ⓜ Jeux de mots

◉ Jeux d'observation

⚫ Mots croisés

❓ Quiz, charades et énigmes

Trouve la province ou le territoire représenté par chacun des chiffres sur la carte. Si tu ne connais pas le Canada, les indices t'aideront sûrement !

baie d'Hudson

- On a trouvé des os de dinosaures en Alberta.
- La Saskatchewan est située entre l'Alberta et le Manitoba.
- L'Ontario est bordée au sud par les Grands Lacs.
- La baie d'Hudson sépare le Québec du Nunavut.
- On fait du vin en Colombie-Britannique.
- Il y a des fermes laitières au Nouveau-Brunswick.
- Le Nouveau-Brunswick est entre le Québec et la Nouvelle-Écosse.
- L'Île-du-Prince-Édouard est la plus petite des provinces.
- Les Territoires du Nord-Ouest sont situés entre le Yukon et le Nunavut.
- On peut voir des phoques à Terre-Neuve.

○ Nouvelle-Écosse
○ Nouveau-Brunswick
○ Alberta
○ Colombie-Britannique
○ Nunavut
○ Territoires du Nord-Ouest
○ Saskatchewan
○ Québec
○ Île-du-Prince-Édouard
○ Terre-Neuve
○ Yukon
○ Manitoba
○ Ontario

La supergrille des premiers occupants

Lorsque les premiers Européens ont débarqué en Amérique, le continent était habité depuis des milliers d'années par de nombreux peuples autochtones. Remplis la grille avec les noms de la liste.

Noms à placer (ne tiens pas compte des apostrophes) :
- 5 lettres : Dénés, Innus
- 6 lettres : Haïdas, Inuits, Nisga'a, Odawas, Sarsis
- 7 lettres : Dakotas, Mi'kmaqs
- 8 lettres : Naskapis, Siksikas, Squamish, Tlingits
- 9 lettres : Atikamekw
- 10 lettres : Tsimshians

Qu'est-ce qui clochait... en l'an mil ?

Le chef viking Leif Eriksson et son équipage viennent de poser le pied à Terre-Neuve. Mais cette scène comporte 10 anomalies. Les vois-tu ?

ⓙⓜ Le charabia du Viking

Si le chef mi'kmaq connaissait comme toi le code du Viking, il saurait ce que raconte ce brave étranger.

Le code du Viking

a	e	i	u	d	c	s	l	t	q	m

C... comme épaves coulées

Dans ce paysage sous-marin de l'Île-du-Prince-Édouard, trouve au moins 12 mots en C.

Le pirate mystère

Aux XVIIe et XVIIIe siècles, des pirates venaient souvent s'abriter dans les baies des côtes de Nouvelle-Écosse. Trouve tous les mots de la liste dans la grille. Ils peuvent être écrits de droite à gauche, de gauche à droite, de haut en bas ou de bas en haut.

La légende dit que j'ai enterré une partie de mon trésor en Nouvelle-Écosse ! Avec les lettres qui restent, tu connaîtras mon nom.

P	I	S	T	O	L	E	T	L	E	E
O	P	A	C	B	U	T	I	N	R	A
R	A	B	O	R	D	A	G	E	I	P
T	V	R	R	O	S	E	R	T	A	R
I	I	E	G	N	A	S	T	A	S	H
F	L	I	B	U	S	T	I	E	R	U
I	L	C	A	N	O	N	N	E	O	M
K	O	E	P	U	O	L	A	H	C	I
D	N	I	T	N	A	G	I	R	B	D

Mots à trouver :
abordage, brigantin, butin, canon, chaloupe, corsaire, flibustier, pavillon, pistolet, port, rhum, sabre, sang, trésor

Le nom du pirate : ___ ___ ___ ___ ___ ___ ___ ___ ___ ___ ___ ___ ___

Chaque série de mots ci-dessous contient un mot caché. Pour le trouver, choisis dans chaque mot deux lettres qui se suivent, puis mets-les bout à bout.

Exemple :
CELUI
NERF
Solution : **CERF**

1. indice : un pays
   CANE
   CANAL
   DARD

   ___ ___ ___ ___ ___ ___

2. indice : animal à queue plate
   CARRÉ
   STUC
   ORME

   ___ ___ ___ ___ ___ ___

3. indice : structure reliant le Nouveau-Brunswick à l'Île-du-Prince-Édouard
   PORT
   DENT

   ___ ___ ___ ___

4. indice : étendue d'eau
   BANC
   PLIE

   ___ ___ ___ ___

5. indice : capitale du Canada
   TROT
   TALC
   WATT

   ___ ___ ___ ___ ___ ___

6. indice : les conditions météorologiques d'une région
   CLÉS
   CIME
   PLAT

   ___ ___ ___ ___ ___ ___

⊙ Marée basse dans la baie de Fundy

C'est ici que se produisent les plus hautes marées du monde... Hum ! la mer a laissé beaucoup de choses sur le sable, aujourd'hui ! Trouve les 8 coquillages, les 3 crabes et les 3 bouteilles.

👁 L'année mystère

Trouve tous les morceaux ci-dessous dans la grille. Les quatre chiffres qui restent te donneront l'année au cours de laquelle Terre-Neuve est devenue la dixième province du Canada.

3	7	1	8	1	9	1	3
9	1	0	1	8	4	1	4
1	0	0	3	1	5	9	7
1	1	9	9	6	1	9	9
7	6	4	1	1	1	9	2
1	9	9	3	2	0	0	0
2	4	1	9	1	1	2	0
7	5	4	3	8	6	0	8
1	8	1	9	4	1	7	1
1	2	9	1	5	7	1	9
1	7	8	6	7	2	5	0
1	9	4	9	5	0	0	1

L'année mystère : _____

© Les éditions Héritage inc. 2002

◉ Avant... et après

À l'origine, ces deux paysages étaient identiques, mais l'érosion et le temps ont fait leur œuvre. Trouve les 9 éléments qui les différencient.

 Les cornemuses

Parmi tous ces instruments, trouve ceux qui sont parfaitement identiques.

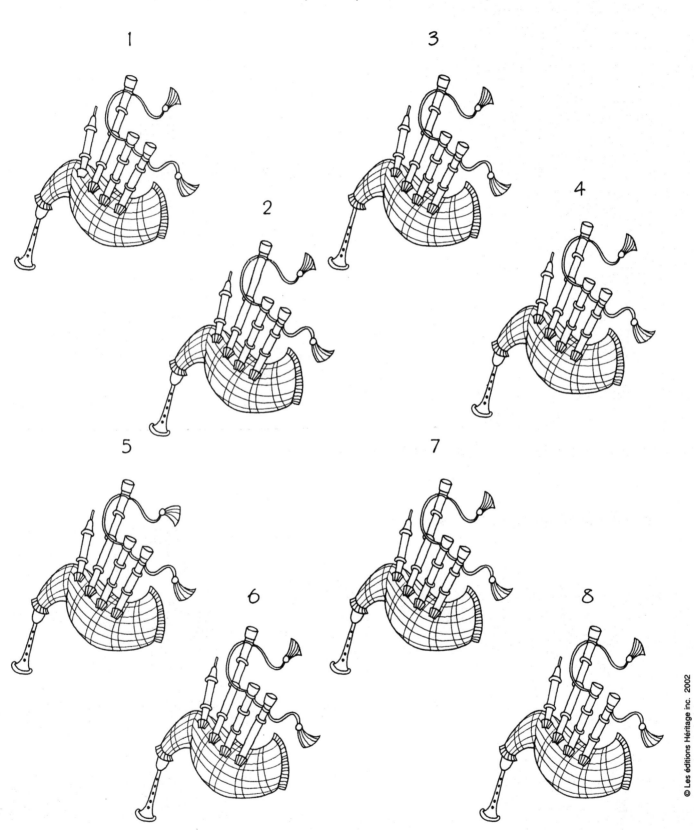

1

2

3

4

5

6

7

8

Les lanceurs de poids

Les Jeux des Highlands ont lieu chaque été en Nouvelle-Écosse. Ces 16 sympathiques gaillards participent au concours de lancer du poids. Mais ils se ressemblent tous! Aide les juges à identifier chacun d'eux.

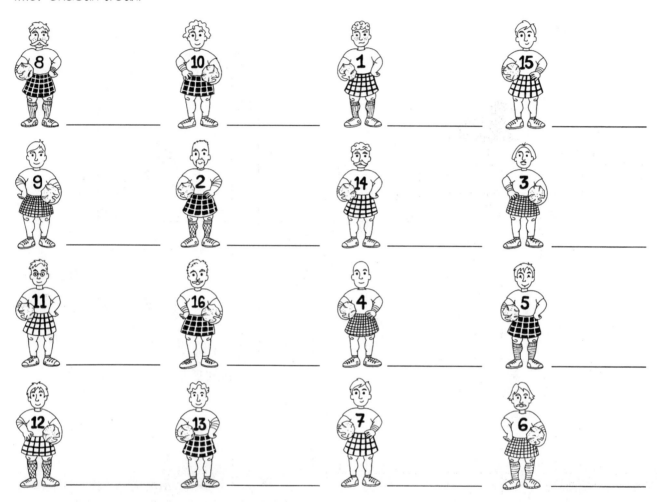

MacDonald a une jupe à gros carreaux blancs.

MacKenzie porte des bas longs et est sous MacIntyre.

MacEwen est au-dessus de MacPuffin et sous MacDonald.

MacKinnon, qui a de longs bas, est sous MacLellan.

MacPuffin est entre MacCaull et MacLellan, sa jupe a de petits carreaux blancs.

MacKenzie est à droite de MacConnell et au-dessus de MacCaull.

MacKeigan et MacKay se ressemblent beaucoup beaucoup.

MacLeod porte des bas longs et est à gauche de MacAskill.

MacMullen porte une jupe à gros carreaux blancs.

MacNeil est sous MacKeigan.

Où est MacIvor?

 # Mots en images

À l'aide des images-indices, essaie de remplir la grille ci-dessous. Les mots doivent être écrits de gauche à droite ou de haut en bas.

Mammifères à la mer

Les 20 lettres éparpillées au fond de l'eau forment trois noms de mammifères. Seras-tu capable de les recomposer ?

Indices : Un de ces animaux est muni d'une longue défense spiralée, un autre est souvent la proie des orques et le dernier est une énorme baleine à dents.

1 _____   2 _____   3 _____

Il était un petit navire...

Le bateau doit traverser le labyrinthe en passant par tous les carreaux, mais jamais deux fois sur le même. Attention aux icebergs !

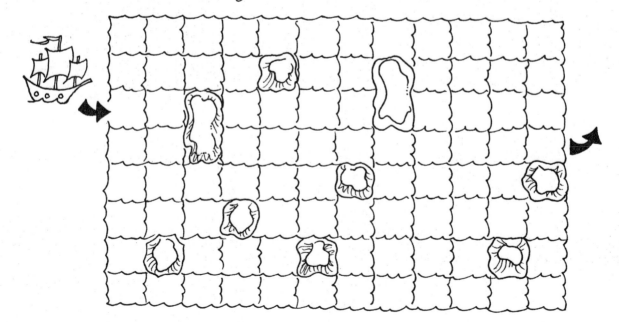

Le quiz des mots en AC

À l'aide des indices, remplis les cases avec des mots qui commencent par AC. Avec les lettres des cases grises, tu trouveras un autre mot en AC.

1. Façon dont on prononce les sons d'une région à l'autre.

2. Ce que fait une personne.

3. Prendre volontiers, donner son accord.

4. Antonyme de désaccord.

5. La voltige, par exemple, en est une.

6. Comédien.

7. Instrument à vent.

Le mot en AC : ___ ___ ___ ___ ___ ___ ___

 # Les nœuds de pêche

Hum ! Ces jeunes pêcheurs semblent avoir bien du fil à retordre ! Lesquelles de ces cinq lignes à pêche ne feront pas de nœud si un poisson mord à l'hameçon ?

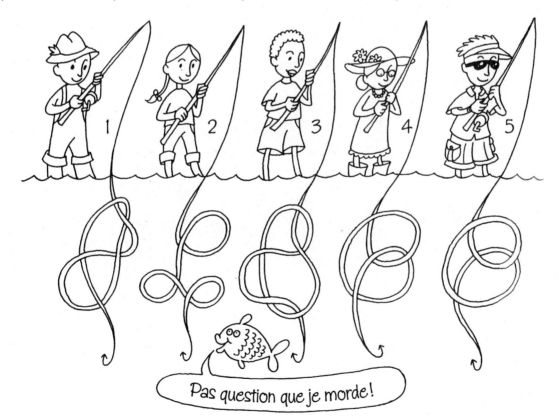

Pas question que je morde !

Ⓧ Opération navigation !

Les symboles ci-dessous valent entre 1 et 8. Pour connaître la valeur de chacun, observe bien les opérations.

🚢 + 🚢 + ☸ = 🐟　　　☁ =

🐟 ÷ 🚢 = ☸　　　⚓ =

⭐ - ☸ = ⚓　　　🐟 =

🐟 - ☁ = ⭐　　　☸ =

⚓ + ⚓ = 🚢　　　⭐ =

　　　　　　　　　　　🚢 =

Ⓧ Troc

Sur une plage de l'Île-du-Prince-Édouard, Jeanne a ramassé de jolies choses et en a fait un collier. Combien de billes Charlotte devra-t-elle lui donner pour obtenir ce bijou ?

Solution : _____

Marins d'eau douce

Associe à chacun de ces sympathiques personnages l'embarcation qui lui convient le mieux.

A   B   C   D   E

1

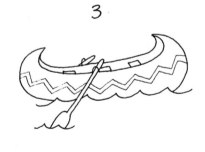

3

4

2

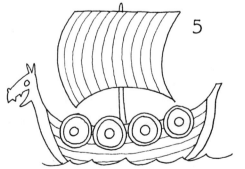

5

Voici sept groupes d'icebergs. Chacun est composé de six chiffres différents, compris entre 1 et 9 inclusivement et dont la somme est 35. Ajoute les chiffres qui manquent !

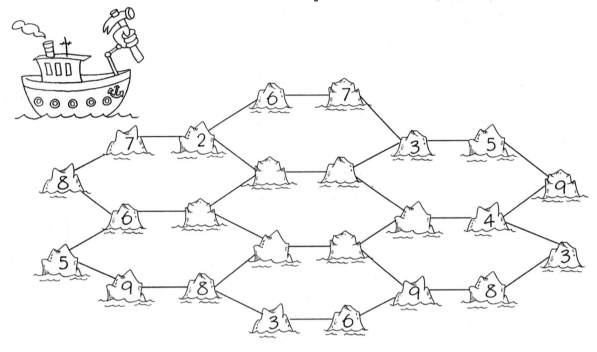

 À chaque mot son code

Relie chacun des mots suivants à son code, puis déchiffre le mot codé désignant le mélange d'anglais et de français parlé par certains Acadiens des provinces maritimes.

HACHE

CHIEN

MICHE

HOMME

Mot codé _____

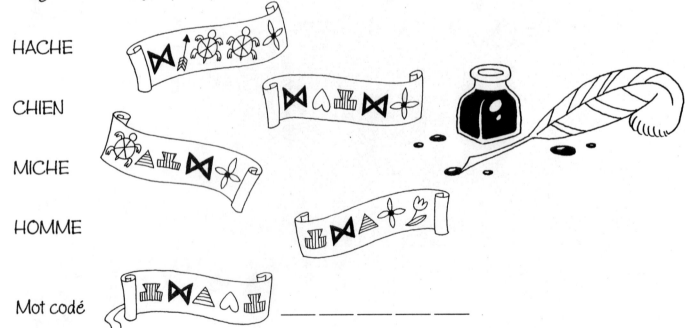

Corvée de cordes

Quelle corde Edmond devra-t-il couper pour libérer la chaloupe ? Attention, les autres embarcations ne doivent surtout pas partir à la dérive !

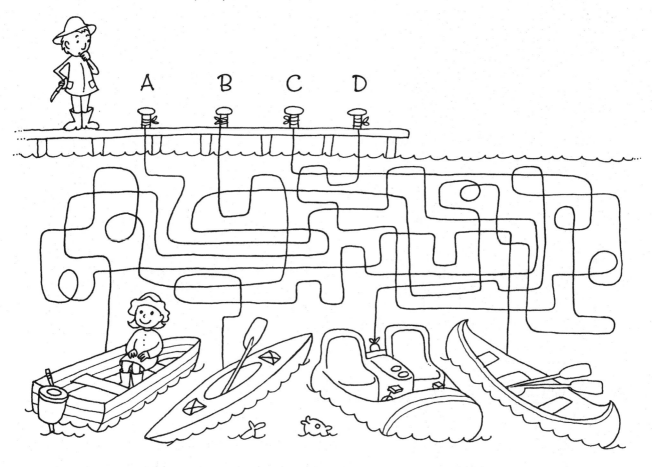

 # Poids de pomme de terre

Si une pomme de terre de l'Île-du-Prince-Édouard pèse 20 g plus le poids d'une demi-pomme de terre, combien pèse une pomme de terre et demie ?

© Les éditions Héritage inc. 2002

Chiffres et lettres

Inscris les réponses sur les traits à droite. Ensuite, reporte ces réponses en ordre croissant sur les lignes au bas. Enfin, *sous* ces mêmes lignes, écris la lettre de la question qui correspond à la réponse. Le nom d'une ville apparaîtra.

A Nombre de jours dans le mois de juin = _____

B Nombre de satellites naturels tournant autour de la terre = _____

C Nombre de pattes pour 10 chaises = _____

D Nombre de côtés dans un octogone = _____

E 2 douzaines + 3 = _____

F Nombre de cornes chez 11 tricératops = _____

G Nombre d'ailes chez la mouche = _____

H 6, 9 et 12 se divisent tous par ce chiffre (qui n'est pas 1 !) = _____

I Le nombre d'œufs pondus par 12 poules en 12 jours, si 1 poule pond 1 œuf par jour = _____

J Nombre d'ailes chez la libellule = _____

K Nombre de pattes chez le maringouin = _____

L 4 x 8 = _____

M Nombre de dizaines de jaunes dans une centaine d'œufs = _____

N Le cinquième de 100 = _____

O (3 x 5) + 15 ÷ 2 = _____

P Nombre de pattes chez 12 quadrupèdes = _____

Q Nombre de mètres dans un kilomètre = _____

R Le quart de 100 = _____

S Nombre d'espèces d'arbres poussant sur la banquise = _____

T Nombre de pattes pour 3 araignées si l'une d'elles en a perdu une = _____

____ ____ ____ ____ ____ ____ ____ ____ ____ ____ ____ ____ ____

Conférence à Charlottetown

1864. Des représentants des colonies britanniques d'Amérique du Nord se réunissent dans la capitale de l'Île-du-Prince-Édouard pour discuter de la possibilité de se regrouper sous un seul gouvernement. Observe cette image pour découvrir les 10 éléments qui ont un double *absolument identique*.

Réponds à chacune des questions puis reporte au bas les lettres correspondant aux chiffres.

Très très grosse baleine à dents.

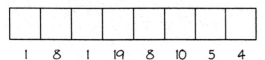

1 8 1 19 8 10 5 4

Nom de la chaîne de montagnes de l'Ouest canadien.

3 5 1 19 7 9 16 7 16

Golfe très profond.

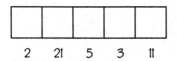

2 21 5 3 11

On y trouve des fleurs et des arbres.

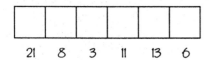

21 8 3 11 13 6

La deuxième ville en importance au Canada.

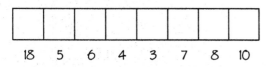

18 5 6 4 3 7 8 10

Au cirque, il travaille avec des balles, des quilles...

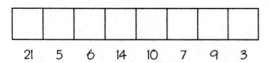

21 5 6 14 10 7 9 3

Il se produit après le gel, quand il fait plus de 0 ˚C.

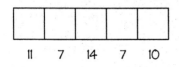

11 7 14 7 10

> Tu obtiendras le nom d'un premier ministre du Canada.

___ ___ ___ ___   ___   ___ ___ ___ ___ ___ ___ ___ ___ ___

21 5 19 6   8   18 8 1 11 5 6 8 10 11

© Les éditions Héritage inc. 2002

 # Mots croisés

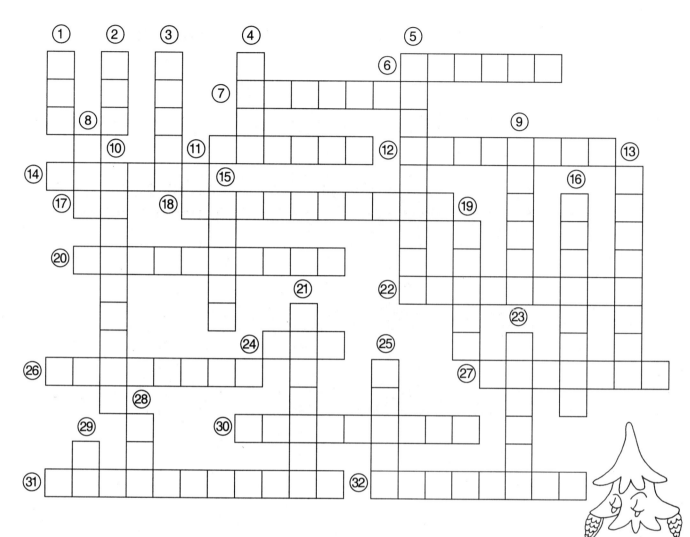

Horizontalement

6. La ____ du Saint-Laurent est la région la plus peuplée du Canada.
7. Province de l'Ouest du Canada.
11. Les astronautes y vont.
12. Arbre qui porte des cônes.
14. On le fabrique à partir de pâte de bois.
17. 1re syllabe de *caractère*.
18. Océan bordant l'Est du Canada.
20. Reptiles préhistoriques.
22. On les met pour marcher dans la neige épaisse.
24. Il y en a dans la mer mais pas dans un lac.
26. Il sert à se protéger des coups, mais c'est aussi une plate-forme rocheuse qui ceinture la baie d'Hudson.
27. Le maringouin aime en faire.
30. Le Nouveau-Brunswick et le Québec sont des ____.
31. Marc Garneau et Julie Payette sont des ____, ils sont allés dans l'espace.
32. Il se sert de pièges pour chasser.

Verticalement

1. Il supporte les voiles.
2. Au Canada, de nombreuses maisons sont chauffées au ____ naturel.
3. Montréal est une ____.
4. On se régale des épis de cette céréale beaucoup cultivée au Canada.
5. La plus grande ville de Colombie-Britannique.
8. Grande étendue d'eau douce.
9. Le Saint-Laurent est un ____.
10. Océan bordant l'Ouest du Canada.
11. Deuxième syllabe de *érable*.
13. Celui ou celle qui dirige un ministère.
15. On peut le prendre pour traverser tout le Canada.
16. Océan qui borde le Nord du Canada.
19. On l'appelle aussi épaulard.
21. On en extrait en Alberta et au large de Terre-Neuve.
23. Elle chante l'été.
25. Autrefois, il était fait en écorce.
28. Tu en as besoin pour respirer.
29. La meilleure carte.

◉ Dessin en morceaux

Retrace les motifs de la grille du haut dans les bonnes cases de la grille du bas pour reconstituer le dessin.

	A	B	C	D	E	F
1						
2						
3						
4						
5						
6						

B2	A1	D3	D5	D1	F6
D4	C3	E3	B3	A2	D6
B6	E2	F3	B1	C2	E4
E1	C5	F1	A4	F2	C4
D2	A3	A5	F4	F5	B4
A6	C1	C6	E5	E6	B5

1534. Du navire de Jacques Cartier, la péninsule gaspésienne est en vue. Le matelot à la vigie est bien excité ! Trouve au moins 10 mots en T dans cette image.

Sus au scorbut !

Oh! Ces colons français vont mourir du scorbut à cause d'un manque de vitamines! Vite, aide-les à trouver les 10 branches de conifère qui leur serviront à préparer une infusion pleine de vitamine C!

Quelle énorme tempête de neige ! Essaie vite de trouver les 2 pelles, les 5 chapeaux et les 14 pigeons avant que tout soit enseveli !

Pareil ou pas pareil ?

Trouve les 9 différences entre le village et son reflet dans le fleuve Saint-Laurent.

Papillons papillonnant

Des milliers de papillons Monarque qui migraient vers le sud ont fait halte au parc national de Pointe-Pelée, en Ontario. Ouvre l'œil et trouve dans la grande image les 5 détails du bas.

© Les éditions Héritage inc. 2002

🆖 Le quiz des mots en TO

À l'aide des définitions, remplis les cases avec des mots qui commencent par TO. Si toutes tes réponses sont bonnes, les lettres des cases grises formeront un mot amérindien qui désigne l'animal ancêtre d'un clan.

1. La capitale de l'Ontario.

2. On l'entend après avoir vu un éclair.

3. Genre de gros baril en bois.

4. Un fruit ou un légume ?

5. Une hache de guerre.

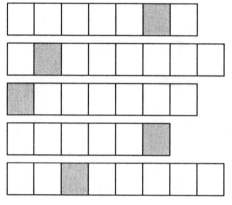

Solution : ____ ____ ____ ____ ____

👁 À chacun sa feuille

Essaie d'associer chacune de ces cinq feuilles à son arbre.

Chêne	Érable	Pin	Cèdre	Épinette

1	2	3	4	5

⬤ Mot mystère : fleuves et rivières

Trouve tous les noms de fleuves et de rivières de la liste dans la grille. Avec les lettres qui restent, tu pourras former le nom d'une rivière du Québec.

N	A	S	M	S	A	G	U	E	N	A	Y
E	F	H	A	C	S	A	B	A	H	T	A
L	R	I	C	H	E	L	I	E	U	U	A
S	A	S	K	A	T	C	H	E	W	A	N
O	S	K	E	Y	U	K	O	N	A	P	I
N	E	E	N	N	O	L	E	H	T	M	B
U	R	E	Z	S	M	O	K	Y	S	H	M
U	A	N	I	Y	A	M	A	S	K	A	E
N	U	A	E	D	I	R	L	E	E	P	P

Mots à trouver :

Athabasca, Fraser, Mackenzie, Nelson, Peel, Pembina, Richelieu, Rideau, Saguenay, Saskatchewan, Skeena, Smoky, Thelon, Yamaska, Yukon

La rivière mystère est : ___ ___ ___ ___ ___ ___ ___ ___ ___ ___ ___ ___ ___ ___ ___ ___ ___ .
Son nom signifie « là où on observe l'orignal ».

© Les éditions Héritage inc. 2002

Une bonne récolte

Entoure chacune des pommes de cette grille de six éléments différents. Deux éléments identiques ne doivent jamais se toucher.

Éléments à placer :

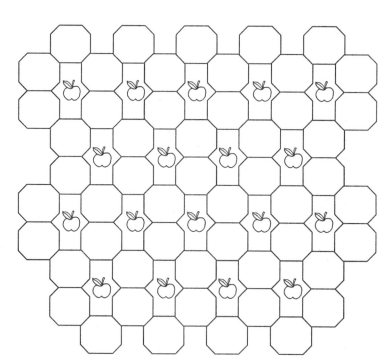

 # À la ferme

Dans cette ferme laitière du Québec, on a compté 52 paires de pattes et 28 cornes. Sachant que toutes les vaches ont un veau, combien y a-t-il de veaux, de vaches et de taureaux ?

40

© Les éditions Héritage inc. 2002

◉ Où ça ? Où ça ?

Trouve la vache qui est au-dessus du yogourt placé à gauche de la vache qui se trouve à gauche du cornet de crème glacée situé au-dessus d'un litre de lait à droite du fromage placé au-dessus d'un yogourt.

Au Canada, il y a environ 1,2 million de vaches laitières !

ⓜ Semblables et similaires ?

Dans chaque groupe de mots, trouve les deux qui ont une signification très semblable.

1. plante   végétal   champignon   algue   arbre

2. arbre   forêt   verger   bois   fouillis

3. neige   pluie   bise   gel   vent

4. chasseur   bûcheron   agriculteur   tailleur   trappeur

5. bureau   maison   magasin   habitation   restaurant

Super Bûcherons !

Pour savoir combien de bûches ces super bûcherons ont débitées en trois minutes, tu dois trouver le chiffre qui va au sommet. Chaque bûche est le résultat de la multiplication des deux bûches sur lesquelles elle repose.

Les bonshommes

Chaque enfant a fait ses bonshommes de son côté.

S'il faut 15 minutes à Mimi et Youri pour faire un bonhomme, mais qu'il en faut 20 à Johnny, combien a-t-il fallu de temps aux trois enfants pour faire cette armée de bonshommes de neige ?

La supergrille de l'énergie

Le Canada dispose de nombreuses sources d'énergie, certaines plus exploitées que d'autres. Remplis la grille avec les mots du bas. Avec les lettres des cases en gris, tu pourras écrire le nom de la plate-forme de forage installée au large de Terre-Neuve, qui permet d'extraire des milliers de barils de pétrole du fond de l'océan.

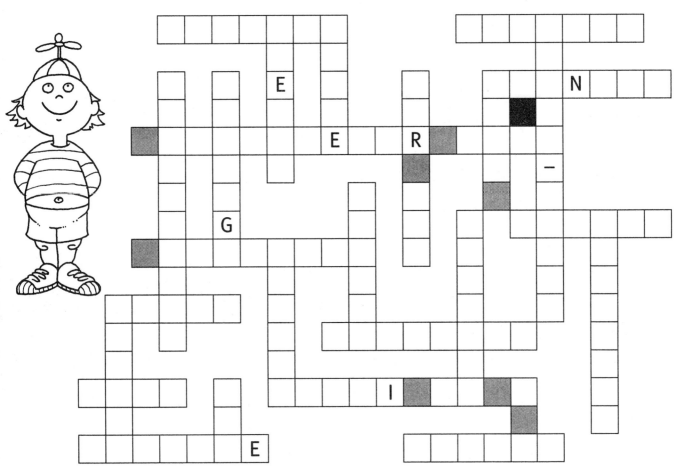

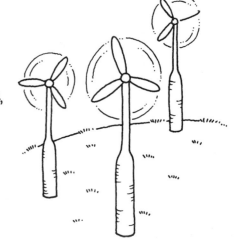

Mots à placer :

3 lettres : eau, fil

4 lettres : tour

5 lettres : câble, puits, usine

6 lettres : diesel, forage, mazout, pylône, soleil, vapeur

7 lettres : barrage, chaleur, gazoduc, pétrole, pompage, turbine, uranium

8 lettres : éolienne, réacteur

9 lettres : réservoir

10 lettres : raffinerie, tuyauterie

11 lettres : plate-forme

16 lettres : hydroélectricité

Solution : __ __ __ __ __ __ __ __ __ __ __

À qui peuvent bien appartenir ces magnifiques couvre-chefs ? À toi de rendre chacun d'eux à son propriétaire.

1   2   3   4   5

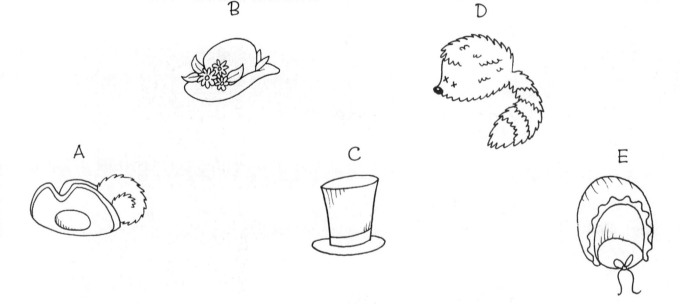

B   D

A   C   E

ⓙⓜ Sports d'hiver

Essaie de former huit noms de sports présentés aux Jeux olympiques d'hiver en associant chaque groupe de consonnes au groupe de voyelles correspondant.

En 1988,
Les Jeux olympiques
d'hiver ont eu lieu
à Calgary !

BBSLGH	UE
SK	AIAE AIIUE
PTNG RTSTQ	I
HCK	OEY
PTNG D VTSS	AIAE E IEE
CRLNG	UI
ST CRBTQ	OEI
LG	AU AOAIUE

ⓙⓜ Symboles d'origine

Ces quatre symboles qu'on voit sur les armoiries du Canada désignent les quatre régions d'origine des premiers colons européens. Associe chaque groupe de consonnes aux bonnes voyelles pour former leurs noms.

	FRNC	AEEE
	CSS	ÉOE
	NGLTRR	IAE
	RLND	AE

L'observatoire du Mont Mégantic, au Québec, possède le plus gros télescope de l'Est de l'Amérique du Nord. Profites-en donc pour retrouver dans le ciel tous les groupes d'étoiles du bas !

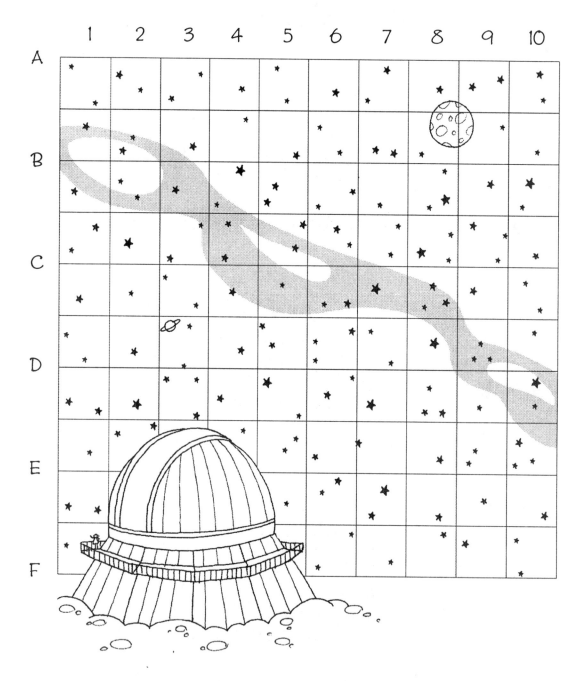

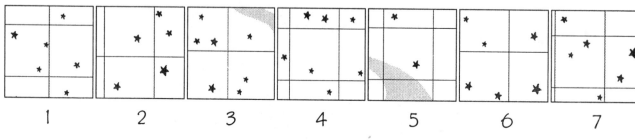

(JM) L'intrus

Dans chaque groupe de mots, trouve celui qui ne devrait pas s'y trouver !

1. | Terre-Neuve | Manitoba | Floride | Ontario | Québec |

2. | neige | blizzard | canicule | glace | flocon |

3. | Rimouski | Winnipeg | Saskatoon | Mi'kmaq | Québec |

4. | loup | renard | ours polaire | coyote |

5. | blé | orge | pomme | maïs | avoine |

6. | hockey | luge | bobsleigh | ski | tennis |

✕ Bataille rangée

Samuel, Aline et Cédric préparent une joyeuse bataille ! Sachant que chaque boule est la somme des deux boules sur lesquelles elle repose, remplis le tas de boules de neige avec les chiffres qui manquent. Le chiffre au sommet correspond au nombre de boules de neige préparées par les enfants.

JM Le jardin de givre

Tu dois traverser cette grille en suivant les lettres qui forment ces phrases du poète canadien Émile Nelligan : « Ah ! comme la neige a neigé ! Ma vitre est un jardin de givre. » Tu ne dois te déplacer que verticalement ou horizontalement.

A	H	A	H	L	E	V	A	H	A	J	A	R	A	V	E	I
A	C	H	E	I	O	C	H	Q	U	E	J	I	R	R	R	J
H	O	L	N	G	I	I	G	E	M	L	D	G	G	V	R	E
Q	M	L	A	E	E	A	N	N	I	A	E	E	D	I	V	I
U	M	E	I	A	N	E	I	V	E	N	N	D	E	G	I	E
A	L	N	G	N	V	I	T	R	U	N	I	I	N	D	D	E
H	C	O	E	E	A	I	U	E	T	U	D	R	A	E	N	E
A	H	C	O	I	M	T	S	E	S	T	U	N	J	G	I	V
E	N	A	M	G	E	R	E	E	S	T	J	J	A	R	D	I

ⓙⓜ Le code de la marmotte

Aujourd'hui, c'est le 2 février, le jour de la marmotte ! Elle sort de son terrier… Elle observe la prairie… Si elle ne voit pas son ombre, c'est que le printemps n'est pas loin ! Pour savoir ce qu'elle dit, décode le message !

A	E	I	O	U	Y	B	H	J	N	Q	S	T	V	Z	P

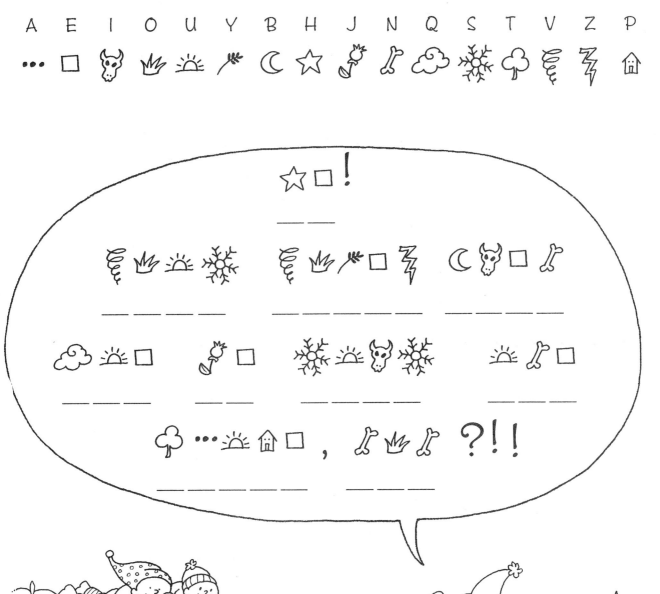

◉ Défricheurs en danger

Ces vaillants défricheurs ne se doutent pas que sept dangers les menacent. Aide-les !

Mot mystère : les arbres du Canada

Trouve dans la grille tous les noms d'arbres de la liste. Ils peuvent être écrits de haut en bas, de bas en haut, de gauche à droite ou de droite à gauche et même en diagonale. Les lettres qui restent formeront le nom du seul conifère qui perd ses feuilles.

C	S	U	M	A	C	A	Y	U	H	T	P
A	O	M	R	E	I	S	I	R	E	C	R
M	A	R	R	O	N	N	I	E	R	F	U
E	P	I	N	E	T	T	E	N	I	P	C
L	E	L	B	O	U	L	E	A	U	E	H
A	E	E	D	O	U	G	L	A	S	U	E
N	M	S	O	R	B	I	E	R	A	P	R
C	R	Z	E	T	I	L	L	E	U	L	E
H	O	E	L	B	A	R	E	L	L	I	Y
I	M	A	G	N	O	L	I	A	E	E	R
E	R	E	I	T	E	S	I	O	N	R	A
R	E	I	N	G	I	A	T	A	H	C	C

Mots à trouver :

Amélanchier, bouleau, caryer, cerisier, châtaignier, cornouiller, douglas, épinette, érable, if, magnolia, marronnier, noisetier, orme, peuplier, pin, pruche, saule, sorbier, sumac, thuya, tilleul

Mot mystère : ___ ___ ___ ___ ___ ___

◉ Scène urbaine

Que d'activité dans cette ville d'Ontario ! Redonne à chaque personnage l'objet qui lui manque et que tu trouveras ailleurs dans l'image !

Si la somme des réponses des équations est 45, combien vaut la feuille d'érable ?

10 +  =

10 - =

10 x =

10 ÷ =

_____

45

 # Les as de la crosse

Michael et Kevin sont très habiles à la crosse, un jeu inventé par les Amérindiens, mais ils sont aussi très forts en maths !

Michael doit obtenir 50 points en atteignant 3 boîtes. Kevin doit faire le même nombre de points en touchant 4 autres boîtes. Attention ! chaque boîte ne peut être touchée qu'une seule fois !

17   8   16   14   15   10   20

Insectes en série

C'est le début de l'été, les moustiques et les mouches noires s'en donnent à cœur joie ! Trouve dans cette grille les 7 insectes qui sont seuls aussi bien dans leur rangée que dans leur colonne.

Les fières montgolfières

Dans de nombreuses régions du Canada, pendant l'été, on peut assister à des envolées de montgolfières. Celle-ci est un peu particulière : si tu regardes bien, tu verras que toutes les montgolfières vont par trois, sauf deux. Lesquelles ?

Le labyrinthe du mineur

Le sous-sol du Canada est riche en minerais de toutes sortes; on y trouve même de l'or et des diamants! Ces joyeux mineurs veulent atteindre l'or. Malheureusement, un seul d'entre eux y parviendra et même pour lui, ce ne sera pas facile!

Combien de noms de quatre lettres et plus pourras-tu former à partir des lettres de BOUCLIER ? (Le nombre de lignes ne correspond pas nécessairement au nombre de mots qu'il est possible de faire.)

B O U C L I E R

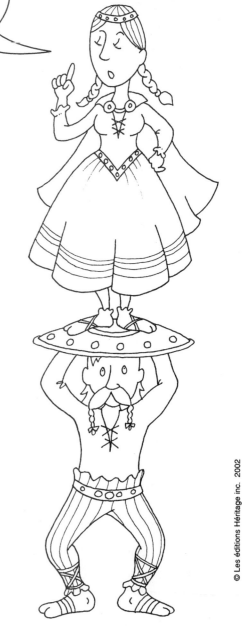

Le Bouclier canadien est un immense socle rocheux qui s'est formé il y a des millions d'années !

quatre lettres

_____
_____
_____
_____
_____
_____

cinq lettres

_____
_____
_____
_____
_____
_____

six lettres

_____
_____
_____
_____
_____

sept lettres

_____
_____
_____
_____
_____

Mot mystère : paléontologie des Prairies

Trouve tous les mots de la liste dans la grille. Ils peuvent être écrits de droite à gauche, de gauche à droite, de haut en bas ou de bas en haut. Les lettres qui restent te serviront à former le nom d'un dinosaure trouvé en Alberta. Un conseil : garde les mots les plus courts pour la fin.

A	N	O	I	T	C	N	I	T	X	E	S
L	E	Z	A	R	D	S	S	Y	H	T	T
A	L	B	N	I	D	S	E	R	A	N	Y
L	E	R	T	C	O	M	T	A	D	E	R
B	S	S	A	E	S	A	N	N	R	D	A
E	E	U	T	R	E	M	I	N	O	P	C
R	L	C	R	A	F	M	E	O	S	I	O
T	I	R	A	T	F	I	R	S	A	Q	S
A	S	A	C	O	I	F	P	A	U	U	A
R	S	N	E	P	R	E	M	U	R	A	U
U	O	E	S	S	G	R	E	R	E	N	R
S	F	S	S	Q	U	E	L	E	T	T	E

Mots à trouver :
Alberta, crânes, dent, empreintes, extinction, fossiles, griffes, hadrosaure, lézards, mammifère, nids, piquant, squelette, styracosaure, traces, tricératops, tyrannosaure

Solution : ____ ____ ____ ____ ____ ____ ____ ____ ____ ____ ____ ____ ____ ____

Lesquels de ces os n'ont pas servi à reconstituer le squelette de ce dinosaure?

Les Amérindiens des plaines ont gravé ces animaux dans la roche. Combien de silhouettes vois-tu ?

Vrai ou faux ?

Réponds aux questions en encerclant la lettre qui correspond à vrai ou à faux.
À la fin, transcris les lettres encerclées sur les lignes au bas et tu sauras comment on appelle
les dessins que les Amérindiens des Prairies ont gravés dans la pierre.

	vrai	faux
1. Le jeu de la crosse a été inventé par les Amérindiens.	P	É
2. Les premiers habitants du Canada y sont venus en traversant l'Atlantique.	C	É
3. Les Vikings étaient un peuple d'Asie.	U	T
4. C'est un Torontois qui a inventé les nouilles.	I	R
5. La première usine à papier du Canada fut installée en Ontario.	B	O
6. 40 % des journaux du monde sont imprimés sur du papier canadien.	G	T
7. La première fermeture éclair a été fabriquée en Ontario.	L	U
8. Le premier masque de gardien de but de hockey a été fabriqué au Canada.	Y	A
9. Le premier message par ondes radio a été transmis par un Canadien.	P	G
10. Les céréales *Pablum* pour bébés ont été inventées au Canada.	H	E
11. Alexandre Graham Bell, l'inventeur du téléphone, était Canadien.	C	E
12. Le Canada est le pays où l'on fait le plus de voitures au monde.	E	S

Solution : ___ ___ ___ ___ ___ ___ ___ ___ ___ ___ ___ ___
          1 2 3 4 5 6 7 8 9 10 11 12

👁 Fusils à trouver

LaVérendry et ses compagnons sont partis à l'aventure vers l'Ouest. En route, ils vont faire la traite de fourrures. Trouve dans cette image les 12 fusils cachés qui leur serviront de monnaie d'échange.

Mot mystère : la traite des fourrures

Trouve tous les mots de la liste dans la grille. Ils peuvent être écrits de gauche à droite ou de droite à gauche, de bas en haut ou de haut en bas. Attention ! Certains mots sont au pluriel. Un petit conseil : garde les petits mots pour la fin. Avec les lettres qui restent, tu sauras ce que les Européens confectionnaient avec les peaux de castor qu'on leur envoyait.

E	C	C	A	S	T	O	R	F	R	G	M	C	C
X	O	O	P	E	A	U	X	O	I	U	E	P	O
P	R	U	H	X	T	S	E	U	O	I	T	A	M
E	T	R	A	P	P	E	U	R	S	D	I	G	M
D	P	E	L	L	E	T	E	R	I	E	S	A	E
I	I	U	F	O	C	A	F	U	P	S	E	Y	R
T	R	R	U	R	A	P	O	R	T	A	G	E	C
I	O	D	S	A	N	I	R	E	R	R	T	R	E
O	Q	E	I	T	O	S	T	S	A	I	R	N	P
N	U	S	L	E	T	T	S	A	P	V	A	O	O
S	O	B	O	U	L	E	A	U	I	I	I	R	S
E	I	O	E	R	U	T	A	N	D	E	T	D	T
S	S	I	A	V	I	R	O	N	E	R	E	U	E
T	X	S	A	C	C	H	A	S	S	E	U	R	S

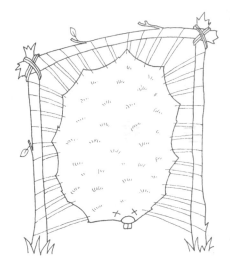

Mots à trouver :

aviron, bouleau, canot, castor, chasseur, commerce, coureur des bois, est, expéditions, explorateur, forts, fourrures, fusil, guides, iroquois, métis, nature, nord, ouest, pagayer, peaux, pelleteries, piste, portage, postes, rapides, rivière, sac, soir, traite, trappeurs, troc

Solution : ___ ___ ___ ___ ___ ___ ___ ___

 63

◉ De lac en lac

Au Manitoba, il n'y a pas que des prairies; le sixième de la province est recouvert d'eau. Heureusement pour lui, ce huard n'aura à traverser que 10 lacs... mais pas dans n'importe quel ordre! Choisis un élément sur le lac 1, puis retrouve cet élément sur un autre lac, qui deviendra le lac 2, et ainsi de suite jusqu'au lac 10.

👁 **Drôle de demeure !**

Le bois est rare dans la prairie de la Saskatchewan. En attendant d'en avoir assez pour bâtir une vraie maison, ces colons ont construit une cabane faite de mottes de tourbe. Le gazon y pousse même sur le toit ! Retrouve les six détails du bas dans la grande image.

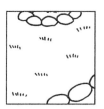

◉ Clous à trouver

La construction du chemin de fer menant vers l'Ouest progressait bien… jusqu'à ce qu'on manque de clous ! Combien vois-tu de clous cachés ?

La supergrille des oiseaux

Les noms d'oiseaux de la liste du bas te permettront de remplir la grille. Quand tu auras terminé, les lettres des cases grises te donneront le nom d'un autre oiseau, très répandu sur les lacs du Canada.

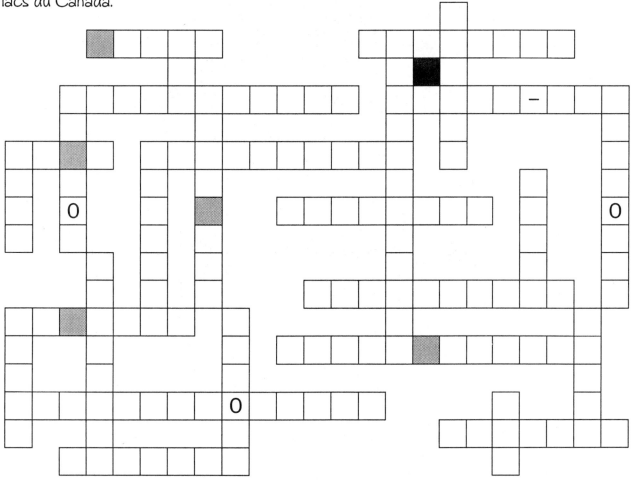

3 lettres : pic, oie

4 lettres : geai, grue

5 lettres : cygne, héron, hibou, pipit

6 lettres : busard, faucon, oriole

7 lettres : carouge, harfang, mainate, mésange

8 lettres : bernache, chouette, cormoran, grand-duc, paruline, sittelle

10 lettres : buse pattue, hirondelle

11 lettres : fou de Bassan

12 lettres : aigle pêcheur, canard kakawi

14 lettres : nyctale boréale

Canard kakawi ??

L'oiseau mystère est le _____ .

◉ D'un festival à l'autre

Tu crois peut-être que le Festival de jazz de Montréal, au Québec, et le Stampede de Calgary, en Alberta, n'ont rien en commun? Détrompe-toi! Si tu regardes attentivement ces photos prises lors des deux événements, tu remarqueras qu'elles comportent 6 éléments identiques.

Josianne St-Pierre

(X) Chacun à son tour

Sur ce tableau devrait apparaître l'ordre dans lequel les participants au rodéo vont montrer leur adresse. Hélas, on ne voit rien ! À l'aide des indices, complète le tableau avec des chiffres de 1 à 9.

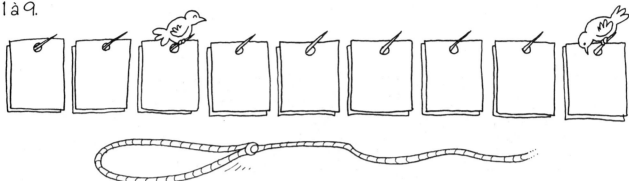

Le premier chiffre se divise par 3.

Le huitième chiffre ne se divise que par 1.

Le neuvième vaut la demie du deuxième et le tiers du septième.

Le cinquième est le double du deuxième.

Le troisième est la somme du premier et du deuxième.

Le quatrième se divise par 3.

(JM) Le quiz des mots en SA

À l'aide des indices, complète les mots dans les cases. Avec les lettres des cases grises, tu obtiendras un mot en SA que l'ours aime bien.

1. Province du Canada.

2. Il y en a beaucoup sur la plage.

3. Goût.

4. Amphibien semblable à un lézard.

5. Très utile pour se laver.

6. Pièce de la maison.

Solution : ___ ___ ___ ___ ___

© Les éditions Héritage inc. 2002

? Génies en herbe... des Prairies

1. Lequel de ces animaux ne perd pas ses bois chaque année?
   a. le pronghorn   b. le cerf   c. l'orignal   d. le caribou   e. le bison

2. Quel était l'animal dont dépendait la vie des Amérindiens des Prairies?
   a. le suisse   b. la marmotte   c. le bison   d. la chauve-souris   e. le sanglier

3. Lequel de ces végétaux ne pousse pas dans les provinces des Prairies?
   a. le blé   b. l'épinette   c. le palmier   d. le bouleau   e. le sapin

4. Lequel de ces animaux n'habite pas la prairie?
   a. le grizzli   b. le chien de prairie   c. la marmotte
   d. le pronghorn

5. Lequel de ces peuples n'a pas participé à la colonisation
   de la Saskatchewan et du Manitoba?
   a. les Ukrainiens   b. les Écossais   c. les Français
   d. les Islandais   e. les Égyptiens

X Trois par trois

Ces symboles représentent tous des multiples de 3. Essaie de trouver la valeur de chacun d'eux, sachant qu'elle ne peut dépasser 30!

 X = _____

 + = _____

 + = _____

 + = _____

Sur la piste des dinosaures

Combien y a-t-il de traces de dinosaures sur ce sentier pétrifié?

© Les éditions Héritage inc. 2002

Méli-mélo de mots d'eau

Démêle les mots à l'aide des indices, puis transcris les lettres correspondant aux chiffres dans les cases au bas. Tu obtiendras alors le nom d'une plante qui aime l'eau.

1. LVEEUF   Cours d'eau qui se jette dans la mer.

2	20	1	12	10	1

2. RISAUSEU   Tout petit cours d'eau.

8	12	7	5	5	1	6	12

3. MAAREGCÉ   Terrain très humide.

11	6	8	1	3	6	28	1

4. FQLAEU   Toute petite nappe d'eau.

2	20	6	22	12	1

5. OAÉCN   Immense étendue d'eau.

14	3	1	6	26

Mot caché

8	14	5	1	6	12

◉ Casse-méninges

À partir des X, combien de carrés et de rectangles réussiras-tu à faire sur la voile 1 ? Combien de triangles réussiras-tu à faire sur la voile 2 ?

 **Vrai ou faux ?**

Pour chaque question, encercle la lettre qui correspond à vrai ou à faux. À la fin, transcris les lettres encerclées sur les tirets et tu auras le nom d'une antilope des Prairies canadiennes.

	Vrai	faux
1. Ottawa est la capitale de l'Ontario.	f	p
2. On peut voir des baleines dans le fleuve Saint-Laurent.	r	l
3. Au XVIIe siècle, des pirates s'abritaient en Nouvelle-Écosse.	o	b
4. Le sous-sol de l'Alberta renferme du pétrole.	n	f
5. Le Canada est le quatrième pays du monde pour sa superficie.	b	g
6. On trouve des fossiles de dinosaures en Saskatchewan.	h	r
7. De grandes épinettes poussent dans la toundra.	e	o
8. L'orque est une baleine à fanons.	g	r
9. Au Manitoba, on cultive surtout du riz.	e	n

Solution : ___ ___ ___ ___ ___ ___ ___ ___ ___

 # Les intruses

Dans chacune des suites d'images ci-dessous, identifie celle qui ne devrait pas s'y trouver.

A

B

C

D

E

Détails de taille

Retrouve les 6 morceaux qui complètent ce capteur de rêves.

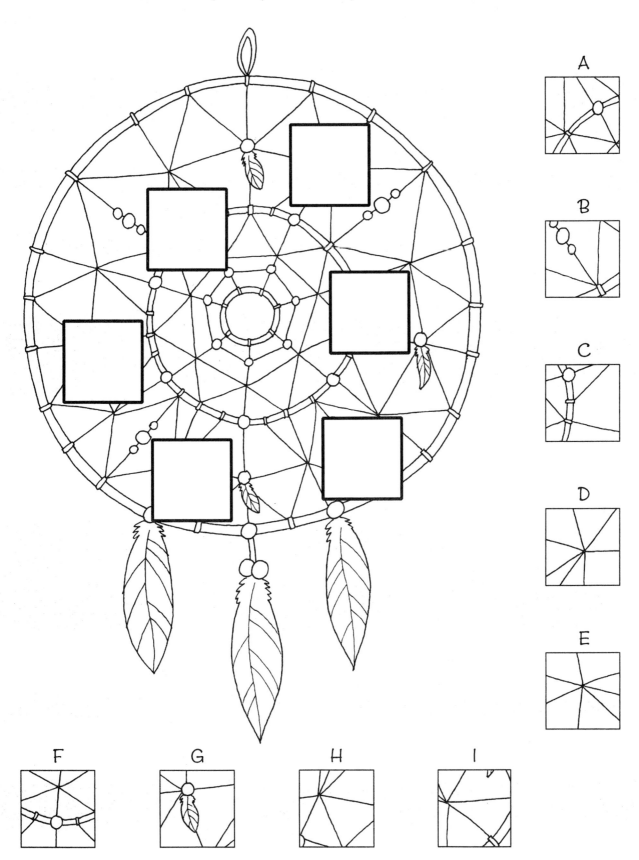

A

B

C

D

E

F   G   H   I

(X) Suite logique...

Quel capteur de rêves complètera le mieux la série ci-dessous ?

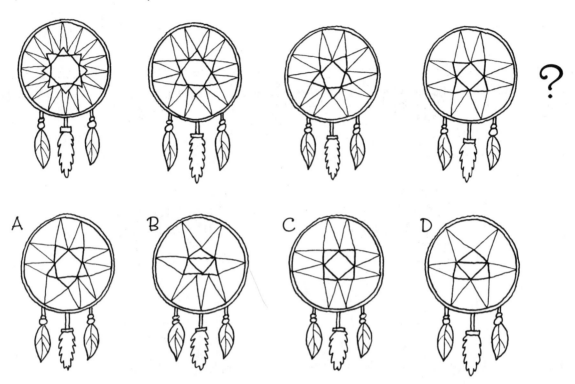

?

A   B   C   D

(X) Déduction

Grâce aux cinq mots ci-dessous, découvre le mot secret.

 Indique qu'une de ces lettres est bonne et bien placée.

 Indique qu'une de ces lettres est bonne, mais mal placée.

b o   e u f

s i   n g e

g u   ê p e

f i   g u e

r a   t o n

Le mot secret :

Ⓧ Train-train

Choisis le wagon qui complètera le mieux ce train.

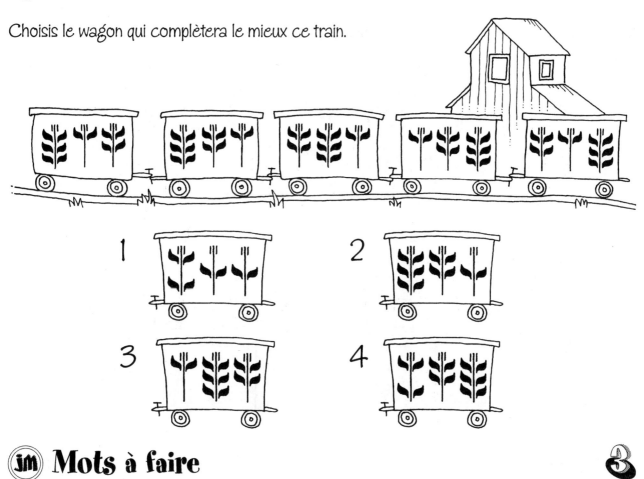

1

2

3

4

ⓂMots à faire

Relie les syllabes entre elles de façon à obtenir trois céréales qu'on cultive dans les Prairies.

Jeu des différences

Trouve les 10 éléments qui différencient les deux côtés de ce totem.

Ⓧ Image cachée

Colorie en brun les cases contenant un multiple de 5 et tu verras apparaître un habitant des Rocheuses!

1	4	6	9	8	4	6	11	12	13	16	17	6	7	2	16	17	18
1	2	3	6	9	5	25	10	15	6	9	11	8	51	31	6	7	11
2	6	7	11	2	5	10	5	20	8	7	3	12	33	22	11	1	8
2	2	4	2	6	10	17	11	5	2	3	13	22	21	71	66	9	7
3	11	6	3	9	10	2	20	15	3	6	61	12	12	13	23	22	9
11	4	11	6	15	45	12	41	3	8	6	4	3	1	9	2	9	18
8	3	4	75	70	90	17	8	18	41	22	21	13	2	8	4	9	2
6	10	10	15	25	30	11	17	68	51	34	2	8	7	34	99	88	8
21	65	35	40	65	15	7	6	12	34	56	67	78	89	98	87	54	32
9	6	1	11	5	5	8	4	33	52	64	76	89	32	56	1	2	9
4	11	6	3	5	15	9	88	66	43	23	12	15	11	17	9	4	2
8	6	4	8	5	5	5	11	77	6	1	11	16	15	32	34	41	2
9	8	2	2	15	20	25	30	32	6	54	12	11	10	7	64	2	9
21	22	11	3	45	60	25	20	65	40	5	15	20	20	6	4	2	3
16	4	2	2	5	15	40	45	35	95	5	50	35	35	7	88	9	1
21	6	5	15	75	55	10	35	75	10	10	30	60	70	11	12	13	3
17	10	21	2	3	5	5	10	15	75	70	35	45	20	45	46	4	6
10	8	9	45	5	15	10	80	90	40	55	65	95	90	81	65	62	1
6	6	75	11	11	22	12	54	76	8	9	3	56	72	75	6	5	5
4	5	4	11	6	4	24	31	88	15	5	4	3	3	7	10	5	7
4	6	7	16	51	2	6	77	75	65	5	15	7	34	23	12	21	1
7	8	51	66	34	34	3	5	10	15	20	25	30	6	8	9	33	2

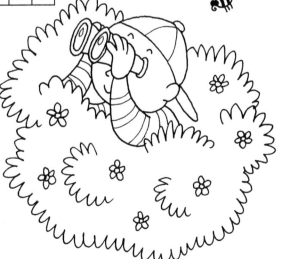

Parmi les mots pêle-mêle du bas, choisis ceux qui conviennent aux questions et écris-les dans les cases. Avec les lettres des cases grises, tu pourras former un autre mot.

1. Un habitant de la Nouvelle-Écosse.

2. Une habitante de l'Alberta.

3. Un habitant du Manitoba.

4. Une habitante de Montréal.

5. Une habitante de Toronto.

6. Un habitant de la Gaspésie.

7. Une habitante du Canada.

Solution : ____ ____ ____ ____ ____ ____ ____

À chaque mot son code !

Relie chacun des mots suivants à son code.

MONT

TOME

NOTE

MÉMO

TORT

 # Chic, des chiffres !

Essaie de trouver les trois nombres suivants à l'aide des indices.

1. Je suis composé de trois chiffres différents.

   La somme des trois chiffres est 7.

   Le premier chiffre vaut la moitié du deuxième et le quart du troisième.

   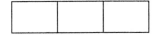

2. Je suis composé de quatre chiffres différents.

   La somme des quatre chiffres est plus grande
   que 10 et plus petite que 30.

   Le premier chiffre vaut la moitié du deuxième,
   le tiers du troisième et le quart du quatrième.

   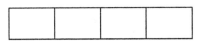

© Les éditions Héritage inc. 2002

Ces joyeux randonneurs se sont perdus dans la forêt de Colombie-Britannique. Pour leur faire passer le temps en attendant les secours, aide-les à trouver les 11 anomalies.

Plus de peur que de mal !

Savais-tu qu'en Colombie-Britannique, il se produit tous les jours de minuscules séismes ? Ces deux images représentent Victoria, en Colombie-Britannique, avant et après un tremblement de terre. Trouve les 8 différences entre ces images.

La supergrille des provinces et des territoires

Remplis la grille avec tous les noms de la liste. Ils doivent être écrits de gauche à droite ou de haut en bas. Avec les lettres des cases grises, tu obtiendras le nom de la capitale du Nunavut.

Noms à placer (tiens compte des traits d'union !)

5. cases : Yukon
6. cases : Québec
7. cases : Alberta, Nunavut, Ontario
8. cases : Labrador, Manitoba
11. cases : Terre-Neuve
12. cases : Saskatchewan
15. cases : Nouvelle-Écosse
17. cases : Nouveau-Brunswick
20. cases : Colombie-Britannique
21. cases : Île-du-Prince-Édouard
23. cases : Territoires du Nord-Ouest

Solution : ___ ___ ___ ___ ___ ___ ___

À l'aide des indices, découvre à quelle province canadienne appartient chacun des drapeaux ci-dessous.

A _____   B _____   C _____

D _____   E _____   F _____

Le drapeau de Terre-Neuve est à droite du drapeau de Colombie-Britannique qui, lui, est au-dessus de celui de Nouvelle-Écosse.

Le drapeau du Nouveau-Brunswick comporte un lion, mais aucun élément végétal.

Le drapeau du Nunavut est sous celui du Nouveau-Brunswick.

Où est le drapeau de l'Île-du-Prince-Édouard ?

Le labyrinthe des sentiers

Chaque fois qu'il faisait une petite halte, ce randonneur étourdi a oublié un objet essentiel à sa survie. Il doit revenir sur ses pas et atteindre le gîte en ramassant chacun des objets mais sans repasser deux fois au même endroit. Attention aux grizzlis !

 Combien ?

Si la somme des réponses des équations est 75, combien vaut la mouffette ? Trouve vite la solution, ça commence à sentir mauvais !

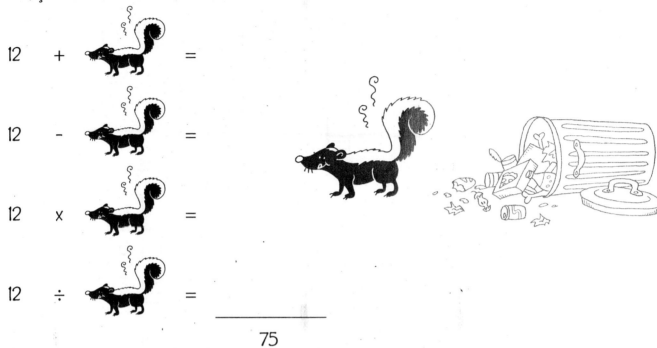

12   +   =

12   −   =

12   x   =

12   ÷   =

75

Les bâtonnets

Déplace 8 bâtonnets de façon à obtenir 3 carrés de taille différente.

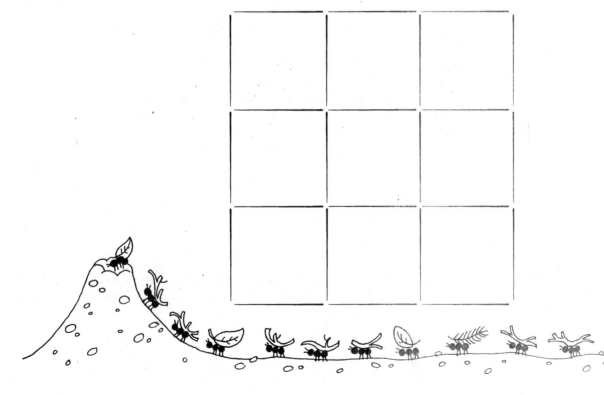

Mammifère mystère

Trouve dans la grille tous les mammifères de la liste. Ils peuvent être écrits de haut en bas, de bas en haut, de gauche à droite ou de droite à gauche. Un conseil : garde les plus petits mots pour la fin.

Polatouche

G	C	A	M	P	A	G	N	O	L	B
M	A	R	M	O	T	T	E	R	L	O
O	R	L	Y	N	X	V	O	M	E	E
U	C	E	R	F	M	I	R	U	M	U
F	A	L	O	R	A	S	I	S	M	F
F	J	O	T	A	R	O	G	S	I	M
E	O	U	S	U	T	N	N	O	N	U
T	U	P	A	G	R	I	A	P	G	S
T	Z	Z	C	U	E	L	L	O	I	Q
E	H	C	U	O	T	A	L	O	P	U
A	C	I	P	C	O	Y	O	T	E	E

Mots à trouver :
bœuf musqué, campagnol, carcajou, castor, cerf, couguar, coyote, lemming, loup, lynx, marmotte, martre, mouffette, opossum, orignal, pica, polatouche, vison

bœuf musqué

Solution : ____ ____ ____ ____ ____ ____ ____

② Chacun chez soi

Ah, Ah ! Relie les plantes et les animaux ci-dessous au milieu qui leur convient le mieux.

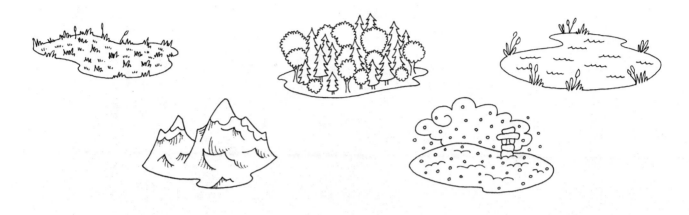

◉ Les jumeaux

Tous les poissons de cette image vont par paires, sauf deux. Les vois-tu ?

ⓘ Le sentier des animaux

Traverse cette grille en formant les noms de 4 animaux des forêts canadiennes. Ne te déplace qu'à l'horizontale ou à la verticale et ne repasse jamais plus d'une fois sur une lettre.

C	A	S	T	O	D	Q
X	W	A	C	R	C	R
L	F	R	E	M	T	V
G	G	R	I	Z	Z	L
R	I	F	U	E	L	I
T	A	B	L	U	O	U
C	H	A	E	P	R	D

Le corbeau magique

Parmi ces six corbeaux, le vrai est celui qui comporte au moins un élément de chacun des cinq autres. Le vois-tu ?

1

2

3

4

5

6

Verger à diviser

Aide ce cultivateur de Colombie-Britannique à diviser son verger en quatre parties avec seulement deux grandes clôtures droites. La grandeur des parcelles n'a pas d'importance, mais toutes doivent contenir 2 pêchers, 2 pommiers, 1 poirier et 1 cerisier. Il doit y avoir au moins 1 noisetier par parcelle.

pommier pêcher cerisier  poirier noisetier

Méli-mélo de mots fruitiers

À l'aide des indices, démêle les mots, puis transcris les lettres correspondant aux chiffres dans les cases du bas. Tu obtiendras le nom d'un petit fruit des tourbières de la Basse-Côte-Nord, au Québec.

GIVNE   La plante sur laquelle pousse le raisin.

22	9	6	14	5

GRRVEE   Champs planté d'arbres fruitiers.

22	5	18	6	5	18

CLTRMPIUUEO Celui qui cultive des pommiers.

16	15	13	9	3	21	12	20	5	21	18

CPHÊE   Fruit à gros noyau et à peau veloutée.

16	5	3	8	5

AAOTC   Autre nom de la canneberge.

1	20	15	3	1

Solution :

3	8	9	3	15	21	20	5

(jm) **Monstres légendaires**

Dans ce monstrueux message, les voyelles ont été remplacées par des symboles. Essaie de déchiffrer les phrases pour connaître ces monstres du Canada que personne n'a encore pu capturer. Mais... existent-ils vraiment ?

Selon la légende ...

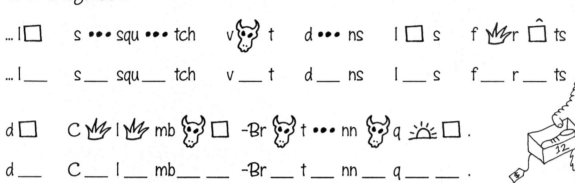

... l□   s ••• squ ••• tch   v☠t   d ••• ns   l □ s   f🌿r Ô ts

... l__   s__ squ__ tch   v__ t   d__ ns   l__ s   f__ r__ ts

d □   C🌿l🌿mb☠□ -Br☠t ••• nn ☠q☀□.

d __   C __ l __ mb __ __ -Br __ t __ nn __ q __ __ .

... l□   m🌿nstr□   M□mphrÓ   v☠t   •••☀   f🌿nd   d☀

... l__   m__ nstr__   M__ mphr__   v__ t   __ __   f__ nd   d__

l ••• c   M□mphrÓ m ••• g🌿g,   •••☀   Q☀□ b□c.

l __ c   M __ mphr __ m __ g __ g,   __ __   Q __ __ b __ c.

... l'🌿g🌿p🌿g🌿   h ••• nt□   l□   l ••• c   🌿k ••• n ••• g ••• n,

... l'__ g__ p__ g__   h__ nt__   l__   l__ c   __ k __ n __ g __ n,

□n   C🌿l🌿mb☠□ -Br☠t ••• nn ☠q☀□.

__ n   C __ l __ mb __ __ -Br __ t __ nn __ q __ __ .

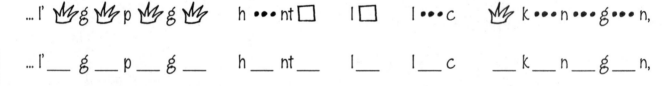
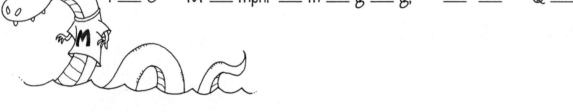
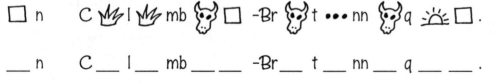

Ⓧ **Timbromanie**

Zoé, Marianne, Laurent et Antoine collectionnent les timbres identiques. À qui appartient chacune des collections ?

Indices

Antoine et Laurent collectionnent les bêtes féroces.

Laurent et Marianne ont le même nombre de timbres.

ⓜ **L'intrus**

Pour chaque groupe de mots, trouve l'intrus !

1. pigeon   moineau   canard   bernache   perroquet
2. Trois-Rivières   Québec   Victoria   Tokyo   Saint-Jean
3. pin   cèdre   sapin   chêne   épinette
4. Atlantique   Pacifique   Arctique   Martinique
5. lac   étang   toundra   océan   marais
6. patins   skis   raquettes   mocassins   luges

Trouve dans cette image au moins neuf mots commençant par O.

Mot mystère : le papier

Le Canada est un grand producteur de papier. Trouve dans la grille tous les mots de la liste. Ils peuvent être écrits de haut en bas ou de bas en haut, de gauche à droite ou de droite à gauche. Les lettres qui resteront te donneront le nom d'un arbre dont on se sert pour préparer la pâte à papier. Attention ! garde les plus petits mots pour la fin.

R	E	I	H	A	C	F	E	P	C
E	P	I	E	R	V	I	L	A	O
J	T	E	R	O	F	B	L	P	L
O	R	N	E	U	T	R	I	E	L
U	E	P	N	L	E	E	U	T	A
R	I	A	O	E	I	S	E	E	G
N	P	T	R	A	C	T	F	R	E
A	A	E	D	U	S	B	O	I	S
L	P	S	C	I	E	R	I	E	E

Mots à trouver :
bois, cahier, collage, feuille, fibres, forêt, journal, livre, nord, papeterie, papier, pâte, rouleau, scie, scierie

Mot mystère : ___ ___ ___ ___ ___ ___ ___ ___

② Charades en balade

1. Mon premier soutient un drapeau ou une voile.
   Mon deuxième est la maison de l'oiseau.
   Mon troisième est le contraire de *tard*.
   Mon quatrième n'est pas haut.
   Mon tout est une province du Canada.

2. Je reste sur mon premier pour attendre le métro ou le bateau.
   Quand tu donnes mon second à ta grand-maman, elle est bien contente !
   Mon tout est une ville et une province du Canada.

3. Mon premier est synonyme de *détruit*.
   Mon second est un antonyme de *raison*.
   Mon tout est un animal bâtisseur.

4. Mon premier contient des œufs.
   Mon deuxième est la première lettre de l'alphabet.
   Les trains s'arrêtent dans mon troisième.
   Mon quatrième est comme mon deuxième.
   Mon tout est le nom de grosses chutes du Canada.

5. Mon premier est l'endroit où l'on cultive le maïs.
   Mon second n'est pas vide.
   Mon tout est le nom de l'explorateur français
   qui fonda Québec.

6. Mon premier est un cochon.
   Je reste sur mon deuxième pour attendre le train.
   Mon troisième n'est ni cœur, ni trèfle, ni carreau.
   Mon tout est un animal pas très agréable à caresser.

7. Mon premier est une note de musique.
   Mon deuxième est entre l'épaule et le poignet.
   Mon troisième se repose.
   Mon tout fait partie de Terre-Neuve.

Le quiz des mots en AR

Tous les mots de cette grille contiennent le son AR. À la fin, en démêlant les lettres des cases grises, tu devrais obtenir le nom d'un mammifère de l'Arctique.

1. Le contraire de tôt.

2. Grand oiseau de proie.

3. La guêpe en a un, le bourdon aussi.

4. Tableau d'affichage.

5. Brume.

6. Vent fort accompagné de neige.

7. Il est rusé !

8. Tu peux le faire exploser.

Solution : ___ ___ ___ ___ ___ A R D

 # Ennuis mécaniques

Matthew a des ennuis avec sa motoneige. Pour connaître les pièces qui lui manquent, trouve dans la grille les cinq éléments entourés de six objets différents.

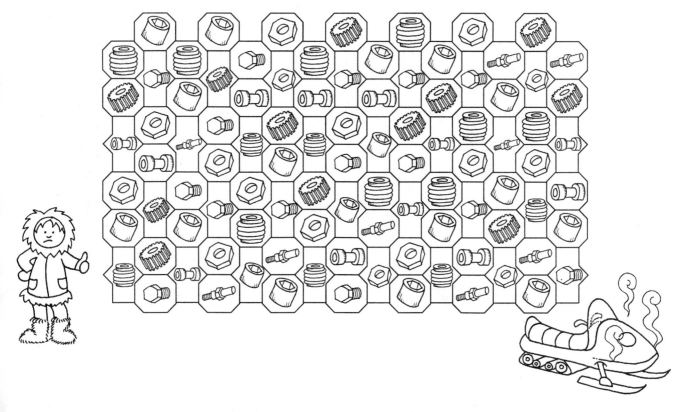

❓ **Vrai ou faux?**

1. Le plus long pont couvert au monde se trouve au Nouveau-Brunswick.
   ☐ vrai   ☐ faux

2. L'orignal fait partie de la même famille que le cerf.
   ☐ vrai   ☐ faux

3. Les pieds-noirs, des Amérindiens des Prairies, étaient appelés ainsi parce qu'ils se teignaient les pieds en noir.
   ☐ vrai   ☐ faux

4. Le Grand lac des Esclaves, dans les Territoires du Nord-Ouest, est le lac le plus profond du Canada.
   ☐ vrai   ☐ faux

5. À la fin de l'été, la sterne arctique vole de l'Arctique jusqu'en Antarctique.
   ☐ vrai   ☐ faux

👁 **Le prisme déplié**

Lesquelles de ces figures correspondent au modèle déplié?

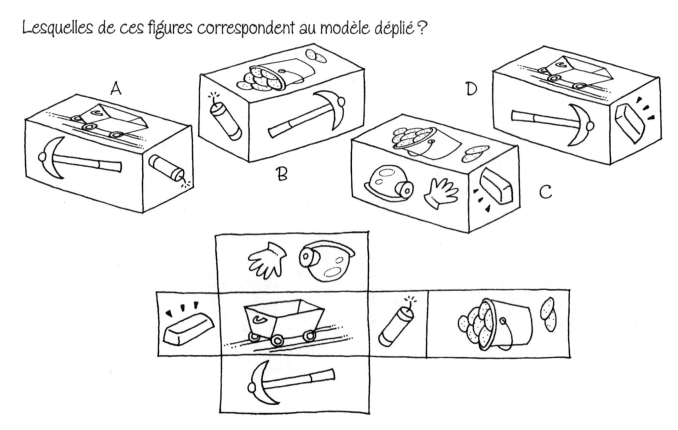

P... comme prospecteurs

Regarde ces prospecteurs se précipiter vers le Klondike en quête de quelques précieuses pépites! Parmi cette foule pittoresque, tu remarqueras sûrement au moins 12 éléments dont le nom commence par P!

● Le mot mystère de la ruée vers l'or

Aide ce sympathique chercheur d'or à découvrir le mot mystère. Trouve tous les mots de la liste dans la grille. Ils peuvent être écrits horizontalement, verticalement et même en diagonale ! Un petit conseil : garde les plus petits mots pour la fin.

R	C	A	B	A	N	E	R	P	P
U	C	R	I	B	L	E	U	A	R
I	E	P	E	P	I	T	E	R	O
S	G	P	R	O	N	S	E	T	S
S	A	L	O	O	N	P	E	I	P
E	N	C	L	T	E	U	R	C	E
A	I	I	C	A	M	P	S	U	R
U	F	P	I	O	C	H	E	L	I
A	F	O	R	T	U	N	E	E	T
E	A	C	A	I	L	L	O	U	E

Mots à trouver :

affinage, cabane, caillou, camps, crible, eau, filon, fortune, particule, pépite, pioche, prospérité, ruée, ruisseau, saloon

Solution : ___ ___ ___ ___ ___ ___ ___ ___ ___ ___

 Labyrinthe glacé

Attention ! Le phoque veut attraper le poisson et maman ourse veut rejoindre son petit. Trouve une façon de leur faire atteindre leur but sans qu'ils se rencontrent !

© Les éditions Héritage inc. 2002

Antoine et Anthony ont gravi le plus haut sommet du Canada. Ils sont tellement épuisés qu'ils ne peuvent même plus former de mots avec les lettres du mot ESCALADE! Et toi, combien réussiras-tu à en former? (Le nombre de lignes ne correspond pas nécessairement au nombre de mots qu'il est possible de faire.)

E S C A L A D E

trois lettres   quatre lettres   cinq lettres

_____   _____   _____

_____   _____   _____

_____   _____   _____

_____   _____   _____

_____   _____   _____

_____   _____   _____

six lettres

_____

_____

_____

_____

_____

Coup de vent

Avec ses hélices, l'avion a dispersé 12 syllabes dans la toundra. Si tu les relies comme il faut, tu obtiendras cinq mots d'hiver. Pour t'aider, certains mots sont commencés.

_____ RIE   DÉ _____   _____ GLAS

_____   _____

Jeu de poids

Observe bien ces balances et essaie de découvrir combien de poissons ont le même poids qu'une fillette !

Inuqsuqs sous le soleil de minuit

Inuqsuq signifie « homme de pierre ». Les Inuits les construisaient pour s'en servir comme points de repère. Relie chaque inuqsuq à son ombre.

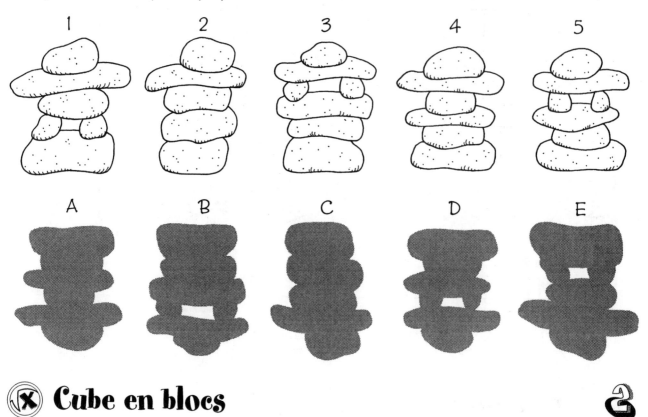

ⓧ Cube en blocs

Combien de blocs de neige les enfants devront-ils faire pour terminer leur grand cube ?

◉ Silhouettes d'inuqsuqs

1

Combien vois-tu d'inuqsuqs dans cette grille ?

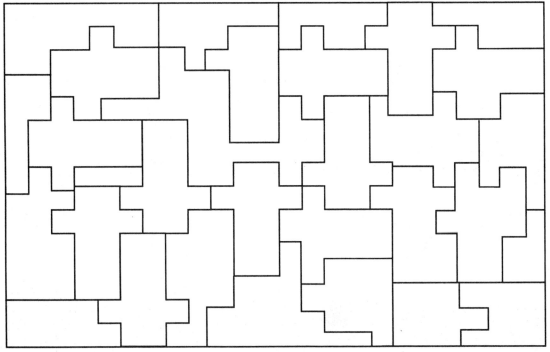

(X) La grille des symboles

3

Essaie de connaître la valeur de 1 à 5 de chacun des symboles qui composent cette grille.

lion	couronne	bateau	ours	couronne	17
lion	lion	ours	fleur de lys	bateau	14
lion	couronne	couronne	ours	fleur de lys	19
lion	ours	ours	lion	ours	14
lion	bateau	bateau	fleur de lys	fleur de lys	12
20	17	11	14	14	

lion =

ours =

fleur de lys =

bateau =

couronne =

La supergrille du Nord

Remplis la grille avec les mots du bas. Écris-les de gauche à droite ou de haut en bas.

Mots à placer

5 lettres : neige, taïga, Yukon

7 lettres : iceberg, lichens, mousses, toundra, Nunavut

8 lettres : archipel, arctique, blizzard, marécage

9 lettres : tourbière

10 lettres : moustiques, pergélisol

11 lettres : baie d'Hudson*, île de Baffin

13 lettres : aurore boréale, cercle polaire

14 lettres : soleil de minuit

*Ne tiens pas compte de l'apostrophe.

(?) Incroyable, mais vrai !

1. Né en Saskatchewan en 1881, Édouard Beaupré, surnommé « le géant Beaupré », mesurait :
   ☐ 1,25 mètre   ☐ 2 mètres   ☐ 2,5 mètres

2. En 1889, le célèbre homme fort Louis Cyr aurait réussi à soulever d'un seul doigt :
   ☐ 75 kg   ☐ 150 kg !   ☐ 250 kg !

3. La tour CN, à Toronto, est la plus haute structure autoportante du monde. Elle mesure :
   ☐ 112 mètres   ☐ 489 mètres   ☐ 553 mètres

4. Les marées de la baie de Fundy sont les plus hautes du monde. Elles peuvent atteindre :
   ☐ 6 mètres   ☐ 10 mètres   ☐ 15 mètres

5. L'édifice le plus étroit de Vancouver, le Sam Kee Building, est construit sur un terrain d'une profondeur de :
   ☐ 1,2 mètre   ☐ 2 mètres   ☐ 3,5 mètres

6. On a trouvé, au pied de falaises de Saskatchewan, des amas d'os de bisons d'une hauteur de :
   ☐ 2 mètres   ☐ 3,5 mètres   ☐ 4 mètres   ☐ 5 mètres

(X) La grille des personnages

Dans cette grille, place les cinq personnages de façon que chaque colonne et chaque rangée ne contienne qu'un seul exemplaire de chacun.

À l'aide des indices, découvre le nom de chacun de ces inventeurs et découvreurs canadiens.

A
J'ai trouvé des os de dinosaures en Alberta !

B
J'ai inventé le basket-ball en 1891 !

C
J'ai découvert l'insuline avec un confrère !

D
J'ai créé un blé qui mûrit assez vite pour pouvoir pousser dans les Prairies !

E
J'ai inventé la motoneige !

F
C'est avec moi que mon confrère a découvert l'insuline !

Indices

- John Naismith est entre deux personnes.
- Charles Best est sous Frederick Banting.
- Joseph Tyrrell n'a pas de voisin de gauche.
- Frederick Banting n'a pas de voisin de droite.
- Charles Edward Saunders est sous Joseph Tyrrell et à côté de Joseph-Armand Bombardier.

A : _____

B : _____

C : _____

D : _____

E : _____

F : _____

ⓧ Les chiffres déguisés

3

Essaie de trouver la valeur de tous ces symboles. Ils valent tous entre 0 et 8 inclusivement.

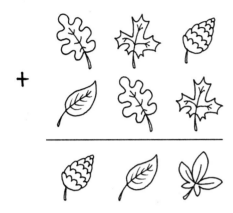

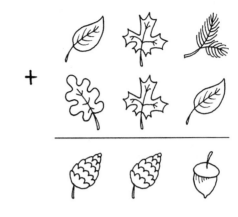

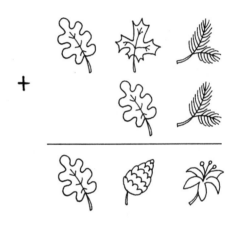

© Les éditions Héritage inc. 2002

Mot mystère : noms en CA

Trouve tous les mots de la liste dans la grille. Ils peuvent être écrits de haut en bas ou de bas en haut, de gauche à droite ou de droite à gauche et même en diagonale. Un conseil : garde les plus petits pour la fin. Les lettres qui restent te donneront un autre mot commençant par CA.

C	A	M	P	A	G	N	E	C	C
A	C	E	T	R	A	C	E	A	A
R	O	T	S	A	C	A	D	L	N
C	C	C	O	P	A	C	A	U	O
A	A	N	A	L	C	V	C	M	T
J	M	N	A	N	A	A	S	E	A
O	P	N	O	N	N	H	A	T	G
U	A	N	R	T	E	E	C	D	E
C	A	A	A	E	N	A	B	A	C
C	C	A	N	I	C	U	L	E	C

Mots à trouver :

cabane, cachalot, calumet, camp, campagne, canal, cane, canicule, canne, canon, canot, canotage, cap, carcajou, carnaval, carte, cascade, castor

Mot mystère : ___ ___ ___ ___ ___ ___

Pour chaque question, encercle la lettre qui correspond à vrai ou à faux. À la fin, transcris les lettres encerclées sur les tirets et tu auras le nom de la capitale des Territoires du Nord-Ouest.

		vrai	faux
1.	Le béluga est un mammifère menacé.	Y	E
2.	Un iceberg peut atteindre la taille d'un édifice de 40 étages.	E	L
3.	Le Titanic a coulé au large de Terre-Neuve.	L	A
4.	La première femme dans l'espace était canadienne	N	L
5.	Au Yukon, la culture du maïs est très importante.	G	O
6.	Il y a 14 000 ans, la glace recouvrait le Canada.	W	H
7.	C'est un ingénieur canadien qui a suggéré de diviser le globe en 24 fuseaux horaires.	K	F
8.	Le Canada renferme 9 % de l'eau douce du globe.	N	I
9.	La plus grosse ville du Canada est sa capitale, Ottawa.	F	I
10.	Le Nunavut est la plus petite des provinces canadiennes.	G	F
11.	Le plus long fleuve du Canada est le Mackenzie, dans les Territoires du Nord-Ouest.	E	K

Solution : ___ ___ ___ ___ ___ ___ ___ ___ ___ ___ ___
         1   2   3   4   5   6   7   8   9 10 11

© Les éditions Héritage inc. 2002

◉ La valse des valises

Ce touriste veut rapporter 9 souvenirs différents de son voyage au Canada. Quelles sont les 3 valises qu'il devra choisir ? Attention, deux des valises contiennent des souvenirs d'autres pays !

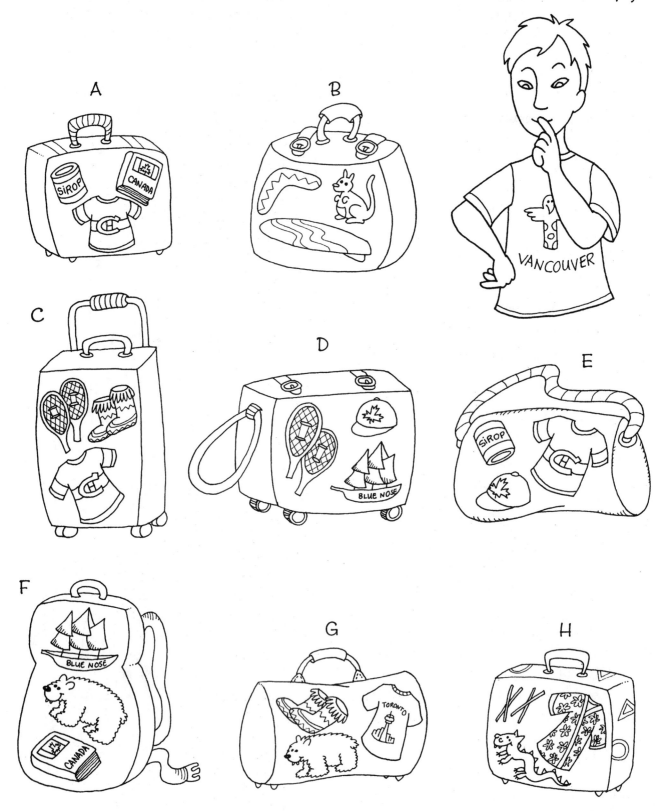

Solutions

Page 9
RÉGIONS À REPÉRER
1. Nouvelle-Écosse, 2. Manitoba, 3. Territoires du Nord-Ouest, 4. Colombie-Britannique, 5. Nunavut, 6. Île-du-Prince-Édouard, 7. Nouveau-Brunswick, 8. Alberta, 9. Québec, 10. Saskatchewan, 11. Ontario, 12. Terre-Neuve, 13. Yukon

Page 10
LA SUPERGRILLE DES PREMIERS OCCUPANTS

Page 11
QU'EST-CE QUI CLOCHAIT... EN L'AN MIL ?

Page 12
LE CHARABIA DU VIKING
Mais qu'est-ce qu'il dit ?

Page 13
C... COMME ÉPAVES COULÉES
As-tu trouvé cadenas, caillou, carapace, chaîne, cheminée, ciseaux, cloche, clou, coffre, coque, coquillage, coquille, corde, coupe, crabe, crâne, croix, crochet, cuillère, collier, caisse ? Il y en a peut-être d'autres !

Page 14
LE PIRATE MYSTÈRE

Le nom du pirate : le capitaine Kidd

Page 15
CACHE-CACHE
1. Canada, 2. castor, 3. pont, 4. baie, 5. Ottawa, 6. climat

Page 16
MARÉE BASSE DANS LA BAIE DE FUNDY

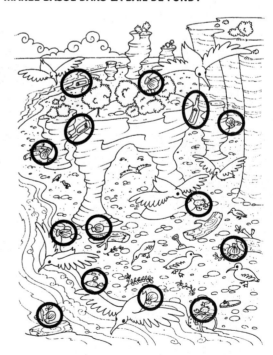

L'ANNÉE MYSTÈRE

3	7	1	8	1	9	1	3	
9	1	0	1	8	4	1	4	
1	0	0	3	1	5	9	7	
1	1	9	9	6	1	9	9	
7	6	4	1	1	9	2		
1	9	9	3	2	0	0	0	
2	4	1	9	1	1	2	0	
7	5	4	3	8	6	0	8	
1	8	1	9	4	1	7	1	
1	2	9	1	5	7	1	9	
1	7	8	6	7	2	5	0	
1	9	4	9	5	0	0	1	

L'année mystère : 1949

AVANT... ET APRÈS

LES CORNEMUSES

Les cornemuses 4 et 7 sont identiques.

LES LANCEURS DE POIDS

1. MacDonald
2. MacKenzie
3. MacNeil
4. MacPuffin
5. MacLellan
6. MacKinnon
7. MacKay
8. MacIvor
9. MacConnell
10. MacIntyre
11. MacMullen
12. MacLeod
13. MacAskill
14. MacEwen
15. MacKeigan
16. MacCaull

MOTS EN IMAGES

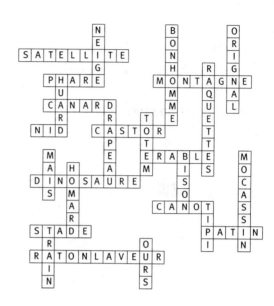

MAMMIFÈRES À LA MER

Narval, phoque, cachalot

IL ÉTAIT UN PETIT NAVIRE...

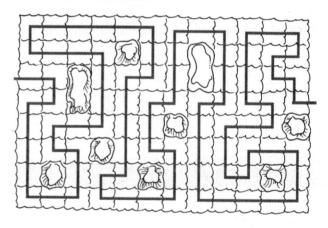

LE QUIZ DES MOTS EN AC

1. accent, 2. action, 3. accepter, 4. accord, 5. acrobatie, 6. acteur, 7. accordéon.

Réponse : acadien

LES NŒUDS DE PÊCHE

Les lignes 2, 3 et 5 ne feront pas de nœuds.

OPÉRATION NAVIGATION !

🐟 = 8   ☁ = 3   ⭐ = 5

☸ = 4   ⚓ = 1   🚢 = 2

TROC
21 billes

Page 25
MARINS D'EAU DOUCE
1. D, 2. A, 3. B, 4. E, 5. C

Page 26
DANGER DANS LE GOLFE DU SAINT-LAURENT

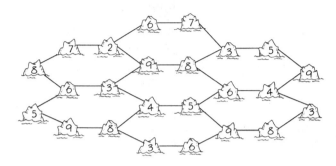

À CHAQUE MOT SON CODE

HACHE

CHIEN

MICHE

HOMME

Solution : CHIAC

Page 27
CORVÉE DE CORDES
Il doit dénouer la corde C.

POIDS DE POMME DE TERRE
Une pomme de terre pèse 40 g, donc une pomme de terre et demie pèse 60 g.

Page 28
CHIFFRES ET LETTRES

0 1 2 3 4 6 8 10 15 20 23 25 27 30 32 33 40 48 144 1000
S B G H J K D M O N T R E A L F C P I Q
Solution : Montréal

Page 29
CONFÉRENCE À CHARLOTTETOWN

Page 30
LETTRES CHIFFRÉES
Cachalot, Rocheuses, fjord, jardin, Montréal, jongleur, dégel.
Solution : John A. Macdonald (Premier ministre du Canada)

Page 31
MOTS CROISÉS

M		G		V			M						V	A	L	L	É	E				
A		A		I		A	L	B	E	R	T	A		N								
T		Z		L			I					N										
L				L		E	S	P	A	C	E		C	O	N	I	F	È	R	E		
P	A	P	I	E	R							O				L		E		A		M
	C	A				A	T	L	A	N	T	I	Q	U	E			U		R		I
	A	C				R						V			R		O		R		N
D	I	N	O	S	A	U	R	E	S			E			R	A	Q	U	E	T	T	E S

Page 32
DESSIN EN MORCEAUX

Page 33
T... COMME «TERRE ! TERRE !»
Mots en T : table, tablier, tabouret, tache, tasse, tête, texte, tige, tissus, toile (d'araignée), tonneau, toupet, trappe, trèfle, tresse, trompette, trou. En as-tu trouvé d'autres ?

Page 34
SUS AU SCORBUT !

Page 35
TOUTE UNE TEMPÊTE !

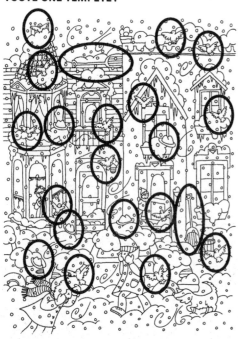

Page 36
PAREIL OU PAS PAREIL ?

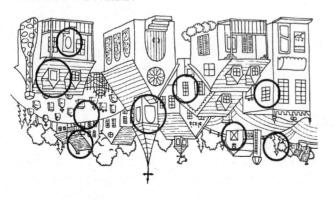

Page 37
PAPILLONS PAPILLONNANT

Page 38
LE QUIZ DES MOTS EN TO

1. Toronto, 2. tonnerre, 3. tonneau, 4. tomate, 5. tomahawk
Solution : totem

À CHACUN SA FEUILLE

1. cèdre, 2. chêne, 3. épinette, 4. érable, 5. pin

Page 39
MOT MYSTÈRE : FLEUVES ET RIVIÈRES

N	A	S	M	S	A	G	U	E	N	A	Y
E	F	H	A	C	S	A	B	A	H	T	A
L	R	I	C	H	E	L	I	E	U	U	A
S	A	S	K	A	T	C	H	E	W	A	N
O	S	K	E	Y	U	K	O	N	A	P	I
N	E	E	N	N	O	L	E	H	T	M	B
U	R	E	Z	S	M	O	K	Y	S	H	M
U	A	N	I	Y	A	M	A	S	K	A	E
N	U	A	E	D	I	R	L	E	E	P	P

Solution : Ashuapmushuan

Page 40
UNE BONNE RÉCOLTE

Il y a plusieurs solutions possibles. En voici une.

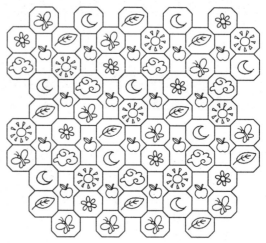

118

À LA FERME

Il y a 104 pattes, donc 26 animaux; 28 cornes, donc 14 vaches et taureaux, il reste 12 veaux (qui n'ont pas encore de cornes). Donc 12 vaches, 12 veaux et 2 taureaux.

Page 41
OÙ ÇA? OÙ ÇA?

La vache est en E-6.

SEMBLABLES ET SIMILAIRES?

1. plante et végétal, 2. forêt et bois, 3. vent et bise, 4. chasseur et trappeur, 5. maison et habitation

Page 42
SUPER BÛCHERONS!

LES BONSHOMMES

1 heure 20 minutes. (Mimi et Youri attendront 5 minutes que Johnny ait terminé son quatrième bonhomme.)

Page 43
LA SUPERGRILLE DE L'ÉNERGIE

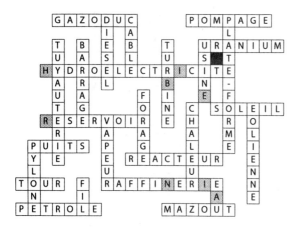

Solution: Hibernia

Page 44
À CHACUN SON CHAPEAU

1. D, 2. C, 3. B, 4. E, 5. A

Page 45
SPORTS D'HIVER

Bobsleigh, ski, patinage artistique, hockey, patinage de vitesse, curling, saut acrobatique, luge.

SYMBOLES D'ORIGINE

 = France

 = Angleterre

 = Écosse

 = Irlande

Page 46
DU HAUT DU MONT MÉGANTIC

1. B-2, 2. E-4, 3. B-8, 4. G-7, 5. F-3, 6. G-8, 7. E-8

Page 47
L'INTRUS

1. la Floride n'est pas au Canada
2. canicule n'est pas un mot d'hiver
3. Mi'kmaq n'est pas un nom de ville
4. l'ours polaire est le seul qui ne soit pas un canidé
5. la pomme n'est pas une céréale
6. le tennis n'est pas un sport d'hiver.

Page 48
BATAILLE RANGÉE

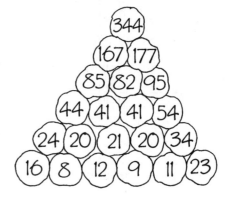

LE JARDIN DE GIVRE

A	H	A	H	L	E	V	A	H	A	J	A	R	A	V	E	I
A	C	H	E	T	O	C	H	Q	U	E	J	I	R	R	R	J
H	O	L	N	G	I	I	G	E	M	L	D	G	G	V	R	E
Q	M	L	A	E	E	A	N	N	I	A	E	E	D	I	V	I
U	M	E	I	A	N	E	I	V	E	N	N	D	E	G	I	E
A	L	N	G	N	T	T	R	U	N	I	I	N	D	D	E
H	C	O	E	E	A	I	U	E	T	U	D	R	A	E	N	E
A	H	C	O	I	M	T	S	E	S	T	U	N	J	G	I	V
E	N	A	M	G	E	R	E	E	S	T	J	J	A	R	D	I

Page 49
LE CODE DE LA MARMOTTE

Hé! Vous voyez bien que je suis une taupe, non?!!

Page 50
DÉFRICHEURS EN DANGER

Page 51
MOT MYSTÈRE : LES ARBRES DU CANADA

Solution : mélèze

Page 52
SCÈNE URBAINE

Page 53
COMBIEN ?
La feuille d'érable vaut 2.

LES AS DE LA CROSSE
Michael : 16 + 14 + 20
Kevin : 17 + 8 + 15 + 10

Page 54
INSECTES EN SÉRIE
B-8
E-3
E-5
F-9
G-2
H-6
H-9

Page 55
LES FIÈRES MONTGOLFIÈRES
Les montgolfières 2 et 15 n'ont pas de troisième copie.

Page 56
LE LABYRINTHE DU MINEUR

Page 57
JEU DE MOTS
Quatre lettres : bile, bord, bouc, boue, bure, cire, clou, club, cour, cube, cure, loir, ouïe, robe, rôle, roue
Cinq lettres : boule, cible, cœur, écrou
Six lettres : boucle, courbe, crible, rouble
Sept lettres : boulier
En as-tu trouvé d'autres ?

Page 58
MOT MYSTÈRE : PALÉONTOLOGIE DES PRAIRIES

```
A N O I T C N I T X E S
L E Z A R D S S Y H T T
A L B N I D S E R A N Y
L E R T C O M T A D E R
B S S A E S A N N R D A
E E U T R E M I N O P C
R L C R A F M E O S I O
T I R A T F I R S A Q S
A S A C O I F P A U U A
R S N E P R E M U R A U
U O E S S G R E R E N R
S F S S Q U E L E T T E
```

Solution : albertosaurus

Page 59
LE DINOSAURE DÉSOSSÉ
Les os 4, 8 et 9 n'ont pas servi à reconstituer le squelette.

Page 60
SILHOUETTES ENTRELACÉES
Il y a neuf silhouettes.

Page 61
VRAI OU FAUX ?
1. vrai, 2. faux, ils sont venus d'Asie par le détroit de Béring,
3. faux, ils venaient d'Europe du Nord, 4. faux, ce sont les
Chinois, 5. faux, elle a été installée au Québec, 6. vrai, 7. vrai,
8. vrai, 9. vrai, 10. vrai, 11. faux, il était Écossais, 12. faux.
Solution : pétroglyphes

Page 62
FUSILS À TROUVER

Page 63
MOT MYSTÈRE : LA TRAITE DES FOURRURES

```
E C C A S T O R F R G M C C
X O O P E A U X O I U E P O
P R U H X T S E U O I T A M
E T R A P P E U R S D I G M
D P E L L E T E R I E S A E
I U F O C A F U P S E Y Y
T R R U R A P O R T A G E C
I O D S A N I R E R R T R E
O Q E I T O S T S A I R N P
N U S L E T T S A P V A O O
S O B O U L E A U I I I R S
E I O E R U T A N D E T D T
S S I A V I R O N E R E U E
T X S A C C H A S S E U R S
```

Solution : chapeaux

Page 64
DE LAC EN LAC

Page 65
DRÔLE DE DEMEURE !

Page 66
CLOUS À TROUVER
Il y a 15 clous cachés.

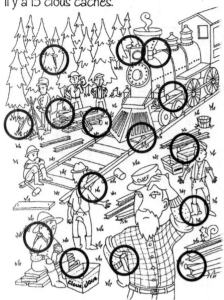

Page 67
LA SUPERGRILLE DES OISEAUX

Solution : huard

Page 68
D'UN FESTIVAL À L'AUTRE

Page 69
CHACUN À SON TOUR
3 4 7 9 8 5 6 1 2

LE QUIZ DES MOTS EN SA
1. Saskatchewan, 2. sable, 3. saveur, 4. salamandre, 5. savon, 6. salon
Solution : saumon

Page 70
GÉNIES EN HERBE… DES PRAIRIES
1. e, 2. c, 3. c, 4. a, 5. e

TROIS PAR TROIS

 = 3   = 12

 = 6   = 15   = 9

Page 71
SUR LA PISTE DES DINOSAURES
Il y a 18 traces.

Page 72
MÉLI-MÉLO DE MOTS D'EAU
1. fleuve, 2. ruisseau, 3. marécage, 4. flaque, 5. océan
Solution : roseau

CASSE-MÉNINGES
Voile 1 : 11 carrés et rectangles
Voile 2 : 22 triangles

Page 73
VRAI OU FAUX ?
1. Faux, c'est Toronto, 2. vrai, 3. vrai, 4. vrai, 5. faux, c'est le deuxième, 6. vrai, 7. faux, il y fait trop froid, 8. faux, c'est une baleine à dents, 9. faux, on ne cultive pas de riz au Canada.
Solution : pronghorn

Page 74
LES INTRUSES
A. cabane, canot, canard, suisse, calumet. Suisse ne commence pas par CA.
B. cachalot, dauphin, requin, orque, baleine. Le requin n'est pas un mammifère.
C. caribou, cerf, orignal, vache, wapiti. La vache a des cornes et non des bois, elle ne fait pas partie de la famille des cervidés.
D. huard, cygne, goéland, oie, pigeon. Le pigeon n'est pas un oiseau aquatique.
E. raquette, tomahawk, boomerang, calumet, mocassin. Le boomerang n'est pas un objet amérindien.

Page 75

DÉTAILS DE TAILLE

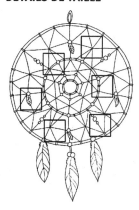

Page 76

SUITE LOGIQUE...

C'est le capteur D.

DÉDUCTION

Le mot secret est : bison.

Page 77

TRAIN-TRAIN

Le wagon 3.

MOTS À FAIRE

Orge, canola, avoine

Page 78

JEU DES DIFFÉRENCES

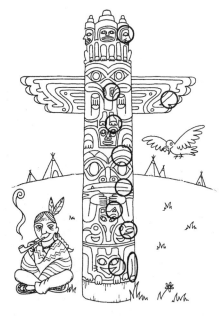

Page 79

IMAGE CACHÉE

C'est un mouflon gambadant dans la montagne !

Page 80

LES HABITANTS

Néo-Écossais, Albertaine, Manitobain, Montréalaise, Torontoise, Gaspésien, Canadienne.
Solution : Ontarien

Page 81

À CHAQUE MOT SON CODE !

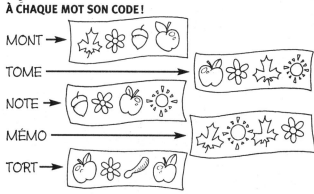

CHIC, DES CHIFFRES !

1. 1 2 4
2. 2 4 6 8

Page 82

QU'EST-CE QUI CLOCHE DANS LA FORÊT ?

Page 83

PLUS DE PEUR QUE DE MAL !

LA SUPERGRILLE DES PROVINCES ET DES TERRITOIRES

Solution : Iqaluit

Page 85
LES DRAPEAUX

A. Colombie-Britannique, B. Terre-Neuve, C. Nouveau-Brunswick, D. Nouvelle-Écosse, E. Île-du-Prince-Édouard, F. Nunavut

Page 86
LE LABYRINTHE DES SENTIERS

Page 87
COMBIEN ?
La mouffette vaut 4.

LES BÂTONNETS

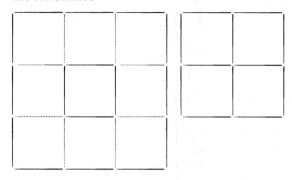

Page 88
MAMMIFÈRE MYSTÈRE

Solution : grizzli

Page 89
CHACUN CHEZ SOI
Montagne : mouflon
Prairie : chien de prairie, bison, blé
Lac : huard, nénuphar, héron
Forêt : suisse, raton laveur, pic
Toundra : ours polaire
Le castor vit dans la forêt, mais aussi dans un lac.

Page 90
LES JUMEAUX

LE SENTIER DES ANIMAUX

C	A	S	T	O	D	Q
X	W	A	C	R	C	R
L	F	R	E	M	T	V
G	G	R	I	Z	Z	L
R	I	F	U	E	I	I
T	A	B	L	U	O	U
C	H	A	E	P	R	D

castor, cerf, grizzli, loup

Page 91
LE CORBEAU MAGIQUE
Solution : le 3 a le ventre du 4, l'œil du 1, l'aile du 2, la huppe du 6 et le cou du 5.

Page 92
VERGER À DIVISER

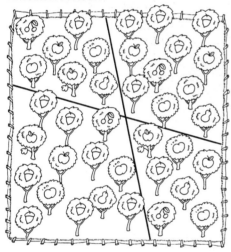

Page 93
MÉLI-MÉLO DE MOTS FRUITIERS
Vigne, verger, pomiculteur, pêche, atoca,
Solution : chicouté

Page 94
MONSTRES LÉGENDAIRES
Selon la légende ...
Le sasquatch vit dans les forêts de Colombie-Britannique.
Le monstre Memphré vit au fond du lac Memphrémagog, au Québec.
L'ogopogo hante le lac Okanagan, en Colombie-Britannique.

Page 95
TIMBROMANIE
Les timbres de Superman sont à Zoé.
Les timbres de Winnie l'ourson sont à Marianne.
Les timbres de dinosaures sont à Antoine et ceux de requins sont à Laurent.

L'INTRUS
1 Le perroquet est le seul oiseau tropical.
2 Tokyo est la seule ville qui ne se trouve pas au Canada.
3 Le chêne est le seul arbre qui ne soit pas un conifère.
4 La Martinique n'est pas un océan.
5 La toundra n'est pas une étendue d'eau.
6 Les luges ne se mettent pas aux pieds et ne viennent pas nécessairement par deux.

Page 96
O... COMME OCÉAN PACIFIQUE
Otarie, os, œil, orque, oreille, oiseau, œuf, orignal, onze, ours.

Page 97
MOT MYSTÈRE : LE PAPIER

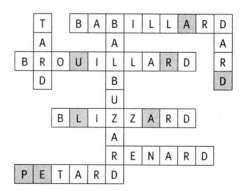

Mot mystère : épinette

Page 98
CHARADES EN BALADE
1. Mât-nid-tôt-bas (Manitoba)
2. Quai-bec (Québec)
3. Casse-tort (castor)
4. Ni-A-gare-A (Niagara)
5. Champ-plein (Champlain)
6. Porc-quai-pique (porc-épic)
7. La-bras-dort (Labrador)

Page 99
LE QUIZ DES MOTS EN AR

	T		B	A	B	I	L	L	A	R	D	
	A				A						A	
B	R	O	U	I	L	L	A	R	D		R	
	D				B						D	
					U							
		B	L	I	Z	Z	A	R	D			
					A							
					R	E	N	A	R	D		
P	E	T	A	R	D							

Solution : épaulard

ENNUIS MÉCANIQUES

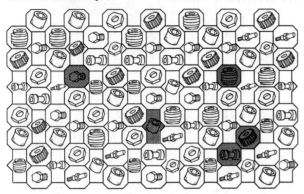

Page 100
VRAI OU FAUX ?

1. vrai (390 mètres)
2. vrai
3. faux (ils portaient plutôt des mocassins noirs)
4. vrai (614 mètres de profondeur)
5. vrai.

LE PRISME DÉPLIÉ
A et B

Page 101
P... COMME PROSPECTEURS

Mots en P : pelles, pioche, pain, panier, pomme, poisson, pied, pierre, pipe, plante, plume, poche, poêle, poignet, poule, pantalon, patte, peigne.

Page 102
LE MOT MYSTÈRE DE LA RUÉE VERS L'OR

R	C	A	B	A	N	E	R	P	P
U	C	R	I	B	L	E	U	A	R
I	E	P	E	P	I	T	E	R	O
S	G	P	R	O	N	S	E	T	S
S	A	L	O	O	N	P	E	I	P
E	N	C	L	T	E	U	R	C	E
A	I	I	C	A	M	P	S	U	R
U	F	P	I	O	C	H	E	L	I
A	F	O	R	T	U	N	E	E	T
E	A	C	A	I	L	L	O	U	E

Solution : prospecteur

Page 103
LABYRINTHE GLACÉ
Trajet de l'ours

Trajet du phoque

Page 104
DU HAUT DU MONT LOGAN

Cas, clé, lac, sac, sel, cale, case, cela, décade, écale, escale, salade. En as-tu trouvé d'autres ?

Page 105
COUP DE VENT

Poudrerie, tempête, blizzard, verglas, dégel.

JEU DE POIDS

  = (ce sont de très gros poissons !)

Page 106
INUQSUQS SOUS LE SOLEIL DE MINUIT

1. E, 2. C, 3. B, 4. A, 5. D

CUBE EN BLOCS

Il manque 60 blocs.

Page 107
SILHOUETTES D'INUQSUQS

Il y en a 8.

LA GRILLE DES SYMBOLES

 = 4

 = 2

 = 3

 = 1

 = 5

Page 108
LA SUPERGRILLE DU NORD

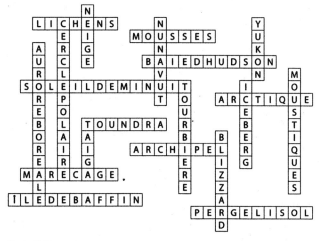

Page 109
INCROYABLE, MAIS VRAI !

1. 2,5 mètres, 2. 250 kg !, 3. 553 mètres, 4. 15 mètres, 5. 2 mètres, 6. 5 mètres

LA GRILLE DES PERSONNAGES

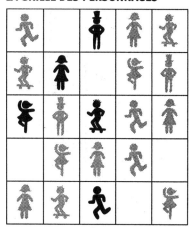

Page 110
QUI EST QUI ?

A. Joseph Tyrrell, B. John Naismith, C. Frederick Banting, D. Charles Edward Saunders, E. Joseph-Armand Bombardier, F. Charles Best.

Page 111
LES CHIFFRES DÉGUISÉS

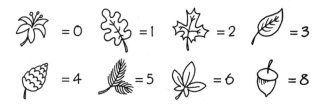

Page 112
MOT MYSTÈRE : NOMS EN CA

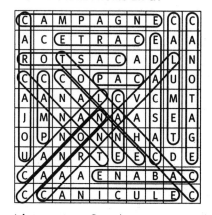

Mot mystère : Canada

Page 113
VRAI OU FAUX?

1. vrai, 2. vrai, 3. vrai, 4. faux, c'était une Russe, 5. faux, il y fait trop froid, 6. vrai, 7. vrai, 8. vrai, 9. faux, c'est Toronto, 10. faux, c'est l'Île-du-Prince-Édouard, 11. vrai.
Solution : Yellowknife

Page 114
LA VALSE DES VALISES

Il devra prendre les valises A, D et G.

Achevé d'imprimer en septembre 2005 sur les presses de
Payette & Simms inc. à Saint-Lambert (Québec)